हिंदी के पुरोधा
श्री महेश चंद्र शर्मा

हिंदी के पुरोधा
श्री महेश चंद्र शर्मा

संपादक

आचार्य 'अनमोल'

प्रभात
पेपरबैक्स
www.prabhatbooks.com

प्रकाशक
प्रभात पेपरबैक्स
4/19 आसफ अली रोड, नई दिल्ली-110002
फोन : 23289777 • हेल्पलाइन नं. : 7827007777
इ-मेल : prabhatbooks@gmail.com ❖ वेब ठिकाना : www.prabhatbooks.com

संस्करण
प्रथम, 2019

अ.मा.पु.स. 978-93-5322-371-7

★

HINDI KE PURODHA : SHRI MAHESH CHANDRA SHARMA
Ed. Acharya 'Anmol'

Published by **PRABHAT PAPERBACKS**
4/19 Asaf Ali Road, New Delhi-110002

ISBN 978-93-5322-371-7

लालकृष्ण आडवाणी
संसद् सदस्य (लोकसभा)
सभापति
आचार समिति

सत्यमेव जयते

का. : एफ–008, संसदीय ज्ञानपीठ
नई दिल्ली–110001
दूरभाष : 011–23034987
टेलीफैक्स : 011–23017707

संदेश

मुझे यह जानकर अत्यंत प्रसन्नता हुई है कि दिल्ली के पूर्व महापौर श्री महेश चंद्र शर्माजी पर केंद्रित 'हिंदी के पुरोधा' नामक ग्रंथ का प्रकाशन किया जा रहा है।

श्री शर्मा छोटी उम्र से ही समाजसेवा तथा भारतीय संस्कृति एवं राष्ट्रभाषा हिंदी के प्रचार–प्रसार का कार्य कर रहे हैं। उनका जीवन निष्ठा, समर्पण एवं सेवाभाव से परिपूर्ण रहा है। मैं श्री शर्मा के दीर्घ एवं सुखमय जीवन की कामना करता हूँ। मुझे विश्वास है कि वे आगे भी इसी तरह समाजसेवा का कार्य करते रहेंगे।

ग्रंथ के सफल प्रकाशन हेतु मेरी हार्दिक शुभकामनाएँ।

(लालकृष्ण आडवाणी)

ओ.पी. कोहली
O.P. Kohli

सत्यमेव जयते

राज्यपाल
गुजरात राजभवन
गांधीनगर–382 020

संदेश

समाजसेवी, हिंदीप्रेमी, राजनीतिज्ञ एवं गौ–भक्त पूर्व महापौर श्री महेश चंद्र शर्माजी पर केंद्रित 'व्यक्तित्व एवं कृतित्व' नामक ग्रंथ का प्रकाशन दिल्ली हिंदी साहित्य सम्मेलन द्वारा किया जा रहा है, यह जानकर प्रसन्नता हुई।

संस्था श्री महेश चंद्र शर्माजी के सामाजिक एवं साहित्यिक जीवन के उज्ज्वल पहलुओं को उजागर करने हेतु यह ग्रंथ प्रकाशित कर रही है, जो सराहनीय है। श्री शर्माजी को हिंदी साहित्य से अनन्य प्रेम रहा है। उन्होंने 'राष्ट्रहित' नामक साप्ताहिक में अवैतनिक संपादक के पद पर कार्य किया था। उन्होंने राष्ट्रभाषा हिंदी, नैतिक शिक्षा, शिक्षक का दायित्व, पर्यावरण, गाय, पंचगव्य और गौ–सदन पर अनेक लेख लिखे हैं, जो प्रकाशित हुए। इस प्रकार उन्होंने हिंदी साहित्य की प्रशंसनीय सेवा की है। वे राजनीति में रहकर जनसेवा को समर्पित रहे और दिल्ली के महापौर समेत कई महत्त्वपूर्ण पदों पर आसीन रहते हुए जनकल्याण में अपना मूल्यवान योगदान दिया है।

श्री महेश चंद्र शर्माजी स्वस्थ रहें, दीर्घायु हों और उनकी सेवापरायणता और अनुभव का लाभ समाज को मिलता रहे, ऐसी मैं कामना करता हूँ।

मैं इस ग्रंथ के प्रकाशन की सफलता हेतु अपनी हार्दिक शुभकामनाएँ प्रेषित करता हूँ।

—ओ.पी. कोहली

अरुण जेटली

सत्यमेव जयते

वित्त एवं कॉरपोरेट कार्यमंत्री
भारत नई दिल्ली–110001
Finance and Corporate
Affairs Minister, India
New Delhi-110001

संदेश

यह हर्ष की बात है कि श्री महेश चंद्र शर्मा पूर्व महापौर, दिल्ली की दीर्घ सामाजिक और साहित्यिक उपलब्धियों पर एक प्रामाणिक पुस्तक प्रकाशित की जा रही है। शर्माजी आपातकाल के दौरान तत्कालीन सरकार का विरोध करने के लिए जेल भी गए। वे दिल्ली के महापौर के पद पर रहे और अपना सारा जीवन दिल्ली की सेवा में ही लगा दिया। वे विशेष रूप से हिंदी भाषा के प्रचार–प्रसार तथा गौ–रक्षा के कार्य के लिए जाने जाते हैं। इन क्षेत्रों में उनका काम पाँच दशकों से भी अधिक समय का है।

साहित्य का सरोकार समाज से होता है। साहित्य के पात्र किसी अलग दुनिया में नहीं बसते हैं। मैं दिल्ली हिंदी साहित्य सम्मेलन द्वारा शर्माजी पर इस पुस्तक के प्रकाशन पर बधाई देता हूँ। शर्माजी अपने आप को 80 वर्ष का युवा मानते हैं। इस पुस्तक से आज की युवा पीढ़ी को प्रेरणा मिलेगी।

आपका

(अरुण जेटली)

डॉ. हर्ष वर्धन
Dr. Harsh Vardhan

सत्यमेव जयते

मंत्री
विज्ञान और प्रौद्योगिकी
एवं पृथ्वी विज्ञान
भारत सरकार,
नई दिल्ली-110001
Minister
Science & Technology
and Earth Sciences
Government of India,
New Delhi-110001

संदेश

महेश चंद्र शर्माजी को मैं लंबे समय से एक अध्यापक के रूप में जानता हूँ। उनकी सहजता, सौम्यता और योग्यता प्रशंसा योग्य है। वे 1955 से दिल्ली में अध्यापन कार्य प्रारंभ कर सन् 1956 में आर्यसमाज द्वारा चलाए गए हिंदी आंदोलन में सत्याग्रह कर जेल गए। सन् 1957 से 1959 तक श्री शर्मा ने 'राष्ट्रहित' नामक साप्ताहिक समाचार-पत्र में अवैतनिक संपादक के पद पर भी कार्य किया। तभी से आप दिल्ली हिंदी साहित्य सम्मेलन में सक्रिय हो गए और सन् 1984 में इसके प्रबंध मंत्री बनाए गए। सन् 1996 में सम्मेलन के महामंत्री बने। सन् 1971 में दिल्ली नगर निगम के किशनगंज, सराय रोहिल्ला क्षेत्र में पार्षद बने। बाद में लोकतंत्र के दमन-चक्र आपातकाल के समय से 20 माह तक मीसा के अंतर्गत जेल में बंद रहे। उस समय 'हमारे महापुरुष' नामक पुस्तक लिखी। श्री शर्मा ने जेल में कठिन यातनाएँ भोगने के बावजूद भी धैर्य नहीं छोड़ा। जेल से छूटकर श्री शर्मा अपने निर्वाचन क्षेत्र में लौटे और लोकप्रियता के कारण 1977 के निगम चुनावों में पुनः किशनगंज क्षेत्र से भारी बहुमत से विजयी हुए और सन् 2002 तक किशनगंज, आनंद पर्वत क्षेत्र से निगम पार्षद रहे हैं।

दिल्ली नगर निगम में शिक्षा समिति के अध्यक्ष, सदन के नेता, उपमहापौर, महापौर रहे श्री महेश चंद्र शर्मा की जीवनी किसी परिचय की मोहताज नहीं है। इन पदों पर आसीन रहते हुए श्री शर्मा दिल्ली के विकास कार्यों तथा गौ-सेवा में तन्मयता से लग गए तथा नगर निगम तथा दिल्ली सरकार में हिंदी को महत्त्वपूर्ण स्थान दिलाने के लिए संघर्ष करते रहे। इनका सारा जीवन, समाज की सेवा तथा भारतीय संस्कृति के संरक्षण, संवर्धन व निष्काम कर्म करने के प्रचार में बीता। हिंदी भाषा के जन-जन में प्रचलन में इनकी सक्रिय भूमिका अनुकरणीय है।

श्री शर्मा ने 'भारत विकास परिषद्' के सहयोग से किशनगंज स्थित चंद्रशेखर आजाद कॉलोनी क्षेत्र में असहाय तथा निर्धन बच्चों के लिए सिलाई एवं कंप्यूटर प्रशिक्षण केंद्र, पुस्तकालय एवं वृद्ध सुविधा केंद्र, विकलांग सहायता केंद्र भी स्थापित किए हैं, जहाँ निराश्रित तथा गरीबों की मदद की जाती है। यहाँ मुझे भी जाने का अवसर मिला है—विवेक चैरिटेबल सोसाइटी, किशनगंज आनंद पर्वत विकास समिति, हरित प्रयास एवं स्वास्थ्य सुधार समिति और भारत विकास परिषद् के माध्यम से वे नि:शुल्क चिकित्सा शिविरों, रक्तदान शिविरों एवं मेधावी छात्रों को पुरस्कृत करने और निर्धन बच्चों को उपहार दिलाने के लिए छात्रों व शिक्षकों की प्रतियोगिताओं का आयोजन करते हैं। गत 20 वर्षों से आप हिंदी साहित्य सम्मेलन के अध्यक्ष हैं। इसी के साथ-साथ गोपाल गौ-सदन हरेवली के ट्रस्टी और बाद में अध्यक्ष के रूप में अनेक वर्षों तक काम किया है। आजकल आप दिल्ली की सभी गौशालाओं के फेडरेशन के भी अध्यक्ष हैं। सन् 2005 में उच्च न्यायालय ने गौशाला में रहनेवाली प्रत्येक गाय को 20 रुपए नगर निगम से और 20 रुपया दिल्ली सरकार से दिलाने में इन्हीं का योगदान रहा है।

राजनीति और समाजसेवा के क्षेत्र में उच्च पदों पर रहते हुए श्री शर्मा में किसी प्रकार का अभिमान अथवा दंभ छू तक नहीं पाया। एक

साधारण कार्यकर्ता के रूप में सामाजिक-धार्मिक संस्थाओं द्वारा आयोजित समारोहों, सम्मेलनों और कार्यक्रमों में अपनी भागीदारी निभाते रहनेवाले श्री शर्मा सदैव कार्य तत्पर नजर आते हैं। श्री शर्मा एक कुशल एवं अनुभवी समारोह प्रबंधन विशेषज्ञ हैं। प्रबंधन विषय के छात्र-छात्राओं और शोधकर्ताओं को श्री महेश चंद्र शर्मा के जीवन-व्यवहार से बहुत कुछ व्यावहारिक शिक्षा मिल सकती है। किसी समारोह अथवा कार्यक्रम को किस प्रकार सफलता के उच्चतम शिखर पर पहुँचाया जा सकता है, यह कौशल-कला इनसे सहज ही सीखी जा सकती है।

मैं इनके चिरायु और यशस्वी जीवन की कामना करता हूँ।

—डॉ. हर्ष वर्धन

डॉ. महेश शर्मा
Dr. Mahesh Sharma

सत्यमेव जयते

राज्य मंत्री (स्वतंत्र प्रभार)
पर्यटन मंत्रालय, संस्कृति मंत्रालय
राज्य मंत्री नागर विमानन
भारत सरकार
Minister of State (Independent Charge)
Ministry of Tourism
Ministry of Culture
Minister of State for Civil Aviation
Government of India

संदेश

मुझे यह जानकर अति प्रसन्नता हुई कि दिल्ली हिंदी साहित्य सम्मेलन समाजसेवी, हिंदी प्रेमी, राजनीतिज्ञ एवं गौ-भक्त पूर्व महापौर आदरणीय श्री महेश चंद्र शर्माजी पर केंद्रित 'व्यक्तित्व एवं कृतित्व' का प्रकाशन कर रहा है।

मेरे लिए सौभाग्य का विषय है कि मुझे आदरणीय श्री महेश चंद्र शर्माजी का सान्निध्य प्राप्त हुआ। उनके व्यक्तित्व एवं कृतित्व के विषय में लिखना मेरे लिए कठिन कार्य है। वे समाज के विभिन्न आयामों में सीधे भागीदारी करने के साथ ही लोगों के प्रेरणा के केंद्र बने। मेरी नजर में श्री महेश चंद्र शर्माजी प्रसिद्ध समाजसेवी व भारतीय संस्कृति के सच्चे प्रचारक होने के साथ ही लेखनी के धनी, स्पष्ट वक्ता, मृदुभाषी तथा दीन-हीन के साथी हैं।

'मनसा वाचा कर्मणा' श्री महेश चंद्र शर्मा समाजसेवा के लिए ही समर्पित हैं। पता नहीं पारिवारिक उत्तरदायित्वों को किस प्रकार निभा लेते हैं। यह प्रबंधन कला-कौशल तो शर्माजी से ही सीखा जा सकता है। शर्माजी की समाजसेवा के विविध पक्ष हैं। भारतीय जनता पार्टी का चुनाव प्रचार हो या राष्ट्रीय स्वयंसेवक संघ की सक्रिय गतिविधियाँ, भारत विकास परिषद् के कार्यक्रम हों या फिर गौ-सेवा सदन की सेवा या फिर दिल्ली सहकारी समिति और अन्यान्य सामाजिक, सांस्कृतिक, शैक्षिक, धार्मिक

तथा हिंदीसेवी संस्थाओं व संगठनों के पदाधिकारी व सक्रिय संरक्षक एवं सदस्य के रूप में शर्माजी के बहुआयामी व्यक्तित्व के सहज ही दर्शन किए जा सकते हैं। एक आदर्श शिक्षक के रूप में अपना जीवन शुरू करनेवाले महेश चंद्र शर्मा ने समाजसेवा के माध्यम से सक्रिय राजनीति में पदार्पण किया और दिल्ली नगर निगम के लिए क्रमशः सराय रोहिल्ला और किशनगंज, आनंद पर्वत क्षेत्र से तीन बार लोकप्रिय पार्षद के रूप में निर्वाचित हुए।

श्री महेश चंद्र शर्माजी पर केंद्रित 'व्यक्तित्व एवं कृतित्व' संकलन के प्रचार-प्रसार से भावी पीढ़ी को दिशा और मार्गदर्शन मिलेगा। मैं इसके सफल प्रकाशन के लिए संस्था के सभी सदस्यों को हार्दिक शुभकामनाएँ देता हूँ।

विनीत

(डॉ. महेश शर्मा)

विजय कुमार मलहोत्रा

सत्यमेव जयते

अध्यक्ष (स्तर-राज्य मंत्री)
अखिल भारतीय खेल परिषद्
भारत सरकार
Pressident (Rank-Minister of State)
All India Council of Sports
Govt. of India

सादगी के प्रतीक : श्री महेश चंद्र शर्मा

श्री महेश चंद्र शर्माजी से मेरा संबंध उस समय से है, जब हम जनसंघ और राष्ट्रीय स्वयंसेवक संघ के कार्यकर्ता के रूप में दिल्लीवासियों के हितों के लिए तत्कालीन सरकारों से संघर्ष कर रहे थे। मैंने उस समय शर्माजी की लगन, निष्ठा, कर्मठता को देखा कि वे किस प्रकार किसी भी कार्य के निष्पादन में आगे बढ़कर जिम्मेदारी लेते थे। जो आत्मविश्वास शर्माजी में उस समय था, वह आज भी देखने को मिलता है। परंतु आज के कार्यकर्ताओं में ऐसा आत्मविश्वास कम ही देखने को मिलता है। उनकी इसी कर्मठता और सेवाभाव को देखते हुए पार्टी ने उन्हें सन् 1971, 1977 एवं 1997 में निगम पार्षद के रूप में अपना उम्मीदवार बनाया और वे विजयी हुए।

श्री महेश चंद्र शर्माजी ने तीन बार निगम में अपनी पार्टी का प्रतिनिधित्व किया और इस दौरान वे अध्यक्ष, शिक्षा समिति; अध्यक्ष, स्वास्थ्य समिति; नेता सदन के अतिरिक्त दिल्ली के महापौर एवं उप-महापौर के पद पर रहे। श्री शर्माजी ने अपनी सहजता-सरलता से इन पदों को गौरवान्वित किया और भविष्य में इन पदों पर आनेवाले नेताओं के लिए ऊँचे आदर्श स्थापित किए। निगम में राजभाषा हिंदी का कार्य व्यवहार में प्रयोग हो, इसके लिए भी आप बहुत अधिक प्रयत्नशील रहे। कंप्यूटरों में हिंदी सॉफ्टवेयर डलवाए तथा आशुलिपिक और कर्मचारियों का हिंदी प्रशिक्षण हो, यह सब वे निगम की हिंदी समिति से सदैव कराते

हैं। आज भी शर्माजी सन् 2002 से मनोनीत सदस्य के रूप में निगम में सक्रिय हैं। इनके अनुभवों का लाभ आज भी हमारी पार्टी और नेताओं को प्राप्त हो रहा है, यह अच्छी बात है। अपने राजनीतिक जीवन में शर्माजी ने विभिन्न पदों पर रहते हुए, जो पार्टी की प्रगति में महत्त्वपूर्ण योगदान दिया, वह सदैव याद किया जाएगा।

आज भी जब शर्माजी और मेरी भेंट होती है तो उनकी चिंता कभी पार्टी के विस्तार को लेकर होती है तो कभी राष्ट्रभाषा-राजभाषा हिंदी को लेकर होती है। नगर निगम में हिंदी को प्रमुखता दिलाने में इनका बहुत योगदान है। इन दोनों समस्याओं के निदान के लिए वे निरंतर प्रयासरत हैं। शर्माजी जहाँ कर्मठ कार्यकर्ता के रूप में पार्टी की सेवा कर रहे हैं, वहीं समाज कल्याण में लगी विभिन्न संस्थाओं के माध्यम से गौ-रक्षा, वृद्धों की सेवा, विकलांगों की सेवा, गरीब बच्चों के कल्याण के लिए रोजगारोन्मुख कार्य कर रहे हैं। देश की सबसे प्राचीन संस्था दिल्ली हिंदी साहित्य सम्मेलन, जिसके संस्थापक पं. मदनमोहन मालवीय और राजऋषि पुरुषोत्तम दास टंडन थे, 20 वर्षों से अध्यक्ष के रूप में राजभाषा के प्रचार-प्रसार का कार्य कर रहे हैं।

शर्माजी के अनेक कार्यक्रमों में मुझे भी जाने का अवसर समय-समय पर मिलता रहा है। आर्यसमाज द्वारा पंजाब में चलाए गए हिंदी की रक्षा के लिए हिंदी आंदोलन और गौ-रक्षा आंदोलन में शर्माजी ने न केवल सक्रिय योगदान दिया, बल्कि जेल यात्रा भी की। जहाँ शर्माजी ने राष्ट्रीय स्वयंसेवक संघ के कार्यकर्ता के रूप में राष्ट्रहित व जन कल्याण में अपना अमूल्य योगदान दिया, वहीं गोपाल गौ-सदन, हरेवली, दिल्ली के अध्यक्ष के नाते एवं गौशाला फेडरेशन के माध्यम से गऊ, जो हिंदू संस्कृति का प्रतीक है, सेवा में भी तन-मन-धन से अपना पूर्ण सहयोग प्रदान किया।

सन् 1975 में आपातकाल में मीसा/डी.आई.आर. में बंदी रहे कार्यकर्ताओं के लिए 'आपातकाल बंदी स्मरण समिति' के श्री शर्माजी

अध्यक्ष हैं और 25–26 जून को हर वर्ष उनका एक कार्यक्रम आयोजित कर सरकार से उनके हितों के लिए संघर्ष कर रहे हैं।

विश्वास है श्री महेश चंद्र शर्माजी इसी प्रकार पार्टी हित और समाज कल्याण में अपनी सेवाएँ देते रहेंगे और युवा पीढ़ी को प्रेरित करेंगे।

—विजय कुमार मलहोत्रा

रमाकांत गोस्वामी
पूर्व मंत्री
परिवहन, उद्योग, श्रम, विधि, न्याय
विधान संबंधित मामले एवं चुनाव
दिल्ली सरकार

सत्यमेव जयते

25/3, पूर्वी पटेल नगर
नई दिल्ली

संदेश

मुझे यह जानकर अति प्रसन्नता हुई है कि दिल्ली हिंदी साहित्य सम्मेलन के अध्यक्ष व हिंदी प्रेमी श्री महेश चंद्र शर्माजी के सामाजिक एवं साहित्यिक जीवन पर आधारित 'व्यक्तित्व एवं कृतित्व' से संबंधित ग्रंथ का प्रकाशन होने जा रहा है, जिसके लिए मैं हृदय से शुभकामनाएँ प्रेषित करता हूँ।

श्री शर्मा ने हिंदी जगत् में अपनी एक अलग पहचान बनाई है। हिंदी की गरिमा व उत्थान के लिए उन्होंने अपना संपूर्ण जीवन अर्पित किया है, विशेषकर सरकार एवं प्रशासनिक स्तर पर हिंदी को प्रतिष्ठित कराने में उनकी सेवा अभूतपूर्व है। सर्वश्रेष्ठ हिंदी वक्ता के रूप में कार्य किया है तथा कई हिंदी ग्रंथों की रचना की, जैसे—नैतिक शिक्षा, शिक्षक का दायित्व, पर्यावरण और गाय का चरित्र इत्यादि।

सम्मेलन द्वारा प्रकाशित ग्रंथ 'व्यक्तित्व एवं कृतित्व' से भविष्य की पीढ़ियों को नैतिक शिक्षा, संस्कार, सामाजिक शिक्षा, शिष्टाचार एवं राष्ट्रभाषा के प्रति प्रेम की भावना को जानने एवं समझने में सहयोग मिलेगा।

मैं अपने हृदय से ग्रंथ के सफल प्रकाशन की मंगलकामना करता हूँ।

शुभकामनाओं सहित।

आपका

—रमाकांत गोस्वामी

विजेंद्र गुप्ता
Vijender Gupta

सत्यमेव जयते

नेता प्रतिपक्ष
दिल्ली विधानसभा
29, Delhi Legislative Assembly
Old Secretariat, Delhi-110054
Telefax : 23890250, 23890059

शुभकामना-संदेश

प्रिय आचार्य अनमोलजी

सादर नमस्कार।

आपके पत्र से यह जानकर अत्यंत प्रसन्नता हो रही है कि दिल्ली हिंदी साहित्य सम्मेलन समाजसेवी, हिंदी प्रेमी, पूर्व महापौर एवं मेरे आत्मीय श्री महेश चंद्र शर्माजी पर केंद्रित 'व्यक्तित्व एवं कृतित्व' संकलन ग्रंथ का प्रकाशन करने जा रहा है।

श्री महेशजी का जीवन समाजसेवा के लिए ही समर्पित रहा है। उनकी समाजसेवा के कई आयाम हैं। पार्टी का चुनाव प्रचार हो, राष्ट्रीय स्वयंसेवक संघ की गतिविधियाँ, गौ-सेवा या दिल्ली को-ऑपरेटिव कमर्शियल थ्रिफ्ट एंड क्रेडिट सोसाइटी के अध्यक्ष के रूप में श्री शर्माजी के बहुआयामी व्यक्तित्व के दर्शन किए जा सकते हैं। साथ ही, वे अपने मित्रों के समारोह में यथासंभव अपनी उपस्थिति अवश्य दर्ज कराते हैं। इन सभी जिम्मेदारियों का निर्वहन करते हुए भी परिवार के उत्तरदायित्व को भी बखूबी निभाते हैं।

सन् 1955 से दिल्ली में आदर्श शिक्षक के रूप में अध्यापन कार्य से अपने जीवन का प्रारंभ करनेवाले महेश चंद्र शर्माजी ने समाजसेवा को माध्यम बनाते हुए सक्रिय राजनीति में पदार्पण किया और दिल्ली नगर निगम में किशनगंज क्षेत्र से निगम पार्षद के रूप में निर्वाचित हुए। उन्होंने दि.न.नि. में शिक्षा समिति के अध्यक्ष, सदन के नेता, उप-महापौर एवं

महापौर के पदों पर रहकर उन्हें गौरवान्वित किया। मेरे लिए बड़े हर्ष का विषय है कि अपने निगम पार्षद के कार्यकाल में मुझे भी महेशजी के संपर्क में रहकर एक सहयोगी के रूप में कार्य करने का अवसर प्राप्त हुआ।

श्री महेश चंद्र शर्माजी हिंदी के प्रखर विद्वान् एवं वक्ता भी हैं। राजभाषा हिंदी के प्रचार-प्रसार में श्री शर्माजी कई वर्षों से सक्रिय हैं। हिंदू धर्मग्रंथों, जैसे—भगवद्गीता, रामायण, भागवत् में भी उनकी बहुत रुचि है।

ग्रंथ का प्रकाशन एक बहुत ही सुंदर प्रयास है। मुझे आशा ही नहीं, पूर्ण विश्वास है कि इसके माध्यम से सभी को समाजसेवा की प्रेरणा मिलेगी। मैं इस ग्रंथ के सफल प्रकाशन की कामना करता हूँ और इस प्रयास के लिए दिल्ली हिंदी साहित्य सम्मेलन के सभी पदाधिकारियों एवं सदस्यों को बधाई देता हूँ। ग्रंथ के सफल प्रकाशन के लिए मेरी हार्दिक शुभकामनाएँ। साथ ही, ईश्वर से प्रार्थना है कि श्री महेशजी शतायु रहकर स्वस्थ जीवन का निर्वाह करें और हम सभी को समाजसेवा और गौ-सेवा के लिए प्रेरित और मार्गदर्शित करते रहें।

इन्हीं शुभकामनाओं सहित।

आपका अपना

—विजेंद्र गुप्ता

डॉ. श्याम सिंह शशि
Dr. S.S. Shashi

पी–एच.डी., डी.लिट् (पद्मश्री से सम्मानित)
पूर्व महानिदेशक
प्रकाशन विभाग (सू.प्र.मं.)
भारत सरकार
Ph.D. D.Litt. (Padmashri Awardee)
B-4245, Safdarjung Enclave
New Delhi-110029

संदेश

यह जानकर प्रसन्नता हुई कि आप एक विशद् ग्रंथ का प्रकाशन करने जा रहे हैं, जिसमें हिंदी भाषा के पुरोधा श्री महेश चंद्र शर्मा के व्यक्तित्व तथा कृतित्व पर आलेख व अन्य रचनाएँ सम्मिलित की जा रही हैं। यह निश्चय ही एक सारस्वत अवदान न केवल अभिनंदन–व्यक्तित्व के लिए, अपितु समाज के लिए भी एक आदर्श उदाहरण होगा।

खेद है कि हाल ही में मेरे ओपन हार्ट ऑपरेशन के कारण विस्तार से कोई आलेख लिखना संभव नहीं है। कृपया मेरी हार्दिक बधाई तथा साधुवाद स्वीकारें। पूर्व महापौर श्री शर्मा से मेरा बहुत पुराना संबंध रहा है। वे विनम्र व्यक्तित्व के धनी, मित्रों के मित्र, स्वाभिमानी राजनेता तथा मूल्यपरक शिक्षा के प्रेरक हैं। अनेक समारोहों तथा छोटे–बड़े कार्यक्रमों में हम साथ–साथ मंचस्थ रहे हैं। बहुत कुछ लिखने का मन है। अस्वस्थता के कारण अभी इतना ही।

स्वस्थ, दीर्घायु की शुभकामनाएँ।

आपका

—डॉ. श्याम सिंह शशि

अंतर्मन के उद्गार

—संपादक की कलम से

प्रायः हर व्यक्ति के अंदर कोई-न-कोई गुण होता है। जिस व्यक्ति के अंदर ज्यादा गुण होते हैं, ऐसे व्यक्ति बहुगुणी होने से अनायास ही श्रद्धा के पात्र बन जाते हैं। ऐसे लोग ही महानायक की श्रेणी में आते हैं और सामान्य लोग अपने जीवन में इनका अनुसरण करते हैं। समस्त वसुधा भी ऐसे सपूतों को देखकर आनंद-अभिभूत हो जाती है। स्व-उदरपूर्ति तक तो सभी लोग सीमित रहते ही हैं, लेकिन 'वसुधैव कुटुम्बकम्' का भाव हृदयंगम करके चलनेवाला व्यक्ति परमार्थी कहलाता है। ऐसे लोगों के जीवन जीने का उद्देश्य 'स्वान्तः सुखाय' की अपेक्षा 'बहुजन सुखाय' ही होता है। कतिपय ऐसे ही तप:पूत लोगों की श्रेणी में पूर्व महापौर श्री महेश चंद्र शर्माजी आते हैं।

व्यक्तिगत रूप से मैं शर्माजी के किन-किन गुणों से प्रभावित हूँ, उनकी गणना करना मेरे लिए किंचित् दुष्कर है। उनकी वाक्‌पटुता, उनका व्यवहारोपयोगी संयम, हिंदी भाषा के प्रति समर्पण, भारत और भारतीयता को अक्षुण्ण बनाए रखने के प्रति उनका त्याग, हिंदी साहित्य के प्रति प्रगाढ़ अनुराग, भारतीय संस्कृति के प्रति आत्मोत्सर्ग का यशस्वी भाव, गौ-सेवा व संवर्धन के प्रति भक्ति भाव, हिंदी साहित्यश्री की वृद्धि के लिए अनवरत सेवा भाव आदि गुण मुझे तो क्या, हर किसी को अनायास ही प्रभावित करते हैं। इन्हीं तथ्यों के आधार पर मैं उन्हें तपोधन मानता हूँ।

अस्सी वसंत और पतझड़ों के संयोग के अनुभव से अनुभूत होकर वे और अधिक सेवाभावी व विनयावनत हो गए हैं। ऐसे महेश चंद्र शर्माजी के व्यक्तित्व व कृतित्व के बारे में लेखनी उठाकर मैं आनंदित अनुभव कर रहा हूँ। शायद मैं यत्किंचित् ज्ञान की प्राप्ति के ऋण से उऋण हो रहा

हूँ। शर्माजी ने मुझे, जब से अपनी संस्था दिल्ली हिंदी साहित्य सम्मेलन में 'मंत्री' का दायित्व सौंपकर जोड़ा है, तब से मुझे उनका अतिशय कृपा भाजन बनने का अजस्र अवसर मिल रहा है। उनकी पारखी दृष्टि वहीं पर टिकती है, जहाँ उन्हें सेवाभाव व समर्पण की किरण नजर आती है। मैं भी शर्माजी का सामीप्य पाने के लिए सम्मेलन में हिंदी साहित्य की सेवा करके गर्व का अनुभव करता हूँ।

शर्माजी के उपर्युक्त गुणों को उजागर करने के लिए ही मैंने यह हस्तगत पुस्तक उनके व्यक्तित्व व कृतित्व का किंचित् लेखा-जोखा संपादित कर आप सुधी पाठकों के हाथों में सौंपी है। वक्त आने पर ऐसे लोग ही 'महाजनो येन गतः स पंथः' के रूप में स्वीकृति पाते हैं और बहुमत से जननायक माने जाते हैं।

मुझे आशा है कि पाठकगण शर्माजी के उक्त 'जीवन-चरित' को पढ़कर उनके विषय में अधिक परिचित होंगे व उनके विभिन्न प्रयासों से ऊर्जस्वित होंगे। अपनी भारतीय संस्कृति के प्रति, राष्ट्रभाषा हिंदी के प्रति, गौमाता के प्रति और अपनी भारतीय मानसिकता के प्रति समर्पित भाव का अनुसरण करेंगे।

इस पुस्तक के संपादन में ज्ञात-अज्ञात, ज्येष्ठ-श्रेष्ठ, साहित्यिक-असाहित्यिक, अपने-पराए जिस किसी का, किसी भी रूप में सहयोग व मार्गदर्शन मिला है, एतदर्थ मैं सभी का आभार व्यक्त करता हूँ।

प्रत्यक्ष या परोक्ष रूप से सहयोग करनेवाले, श्री महेश चंद्र शर्माजी के व्यक्तित्व के विषय में लिखने के लिए जो प्रेरणास्रोत रहे हैं, उनमें प्रमुख हैं—डॉ. कमल किशोर गोयनका, श्रीमती इंदिरा मोहन, डॉ. रवि शर्मा 'मधुप', डॉ. हरि सिंह पाल, डॉ. संजीव सक्सेना तथा शर्माजी के सभी परिवारीय जन, सविशेष शर्माजी के सुपुत्र श्री राकेश शर्माजी आदि गरिमामय विभूतियों का हृदय से आभार व्यक्त करता हूँ।

मुझे आशा है, पाठकों को यह ग्रंथ प्रेरणादायक व जीवनोपयोगी लगेगा। आपके सुझावों की सदा ही प्रतीक्षा रहेगी...

—आचार्य अनमोल

अनुक्रम

पत्र-पत्रिकाओं, पत्रकारों की नजर में

श्री महेश चंद्र शर्मा अभिनंदनीय हैं

—डॉ. कमल किशोर गोयनका

श्री महेश चंद्र शर्मा मेरे अंचल के हैं और मुझसे दो वर्ष बड़े हैं, लेकिन वे आयु में ही बड़े नहीं हैं, राष्ट्र एवं समाजसेवा में भी बड़े हैं और 80 वर्ष के होने पर भी उसी लगन, निष्ठा और कर्मशीलता से समाज की सेवा में रत हैं। मुझे याद नहीं, मेरी पहली भेंट उनसे कब हुई थी, लेकिन ऐसा याद आता है कि मैं सन् 1958 में बुलंदशहर से दिल्ली आया था और उसके कुछ वर्षों बाद शर्माजी से मेरा परिचय हुआ और उनसे निरंतर घनिष्ठता होती गई। इसके दो कारण रहे—एक तो वे मेरी जन्मभूमि से जुड़े थे और दूसरे उनके हिंदी-प्रेम ने एकदम आत्मिक रूप से जोड़ दिया। आज मैं उनके साथ अपने संबंधों के बारे में सोचता हूँ तो मुझे यह कहने में कोई संकोच नहीं है कि वे एक अनुपम निष्ठावान राष्ट्रभक्त, समाजसेवी और हिंदी-प्रेमी हैं और उन जैसा कोई दूसरा व्यक्ति मुझे दिल्ली में दिखाई नहीं देता।

श्री महेश चंद्र शर्मा का जीवन बहुआयामी रहा है। वे एक समर्पित अध्यापक रहे हैं तथा सन् 1955 से 1995 तक एंग्लो संस्कृत विक्टोरिया जुबली स्कूल, दरियागंज, नई दिल्ली में कार्यरत रहे हैं। यह उनके जीवन की बुनियाद है, जिस पर उनके बहुआयामी व्यक्तित्व का भव्य-भवन आधारित है। अध्यापक के रूप में उनकी कर्मशीलता, ईमानदारी और

सेवा-भाव ने ही उन्हें जीवन के बहुविध क्षेत्रों में कार्य करने के लिए प्रेरित किया। दिल्ली में जब रत्नसिंह शांडिल्य के नेतृत्व में भारतीय साहित्य परिषद् की स्थापना सन् 1964 में हुई तो उसके संस्थापक सदस्यों के रूप में मैं उनके साथ था। यह संस्था अब 'अखिल भारतीय साहित्य परिषद्' के नाम से साहित्य की सेवा कर रही है और लेखकों में सांस्कृतिक राष्ट्रवाद की चेतना का विस्तार कर रही है। इससे पूर्व शर्माजी दिल्ली के 'हिंदी साहित्य सम्मेलन' से जुड़ चुके थे और सन् 1962 में वे करोल बाग मंडल के अध्यक्ष थे और सन् 1965 से 1976 तक मंत्री रहे। श्री गोपालप्रसाद व्यास ने इस संस्था का बड़ा विकास किया और कवि-सम्मेलनों की परंपरा को पुष्ट किया। उनके बाद मेरे आग्रह पर उन्होंने 'दिल्ली हिंदी साहित्य सम्मेलन' का दायित्व सँभाला, जिसे वे आज तक निभा रहे हैं और उसके द्वारा वे दिल्ली में हिंदी की लड़ाई लड़ते रहते हैं। श्री महेश चंद्र शर्मा ने दिल्ली में हिंदी के प्रचार-प्रसार के लिए जो कार्य किया है, उस पर एक बड़ा ग्रंथ लिखा जा सकता है। श्रीमती शीला दीक्षित के कार्यकाल में खेलों का जो मेला लगा था, उसमें हिंदी के प्रयोग का दबाव शर्माजी ने ही डाला था। हिंदी भाषा के प्रति उनकी निष्ठा और प्रतिबद्धता उनके व्यक्तित्व को गरिमामय तथा अभिनंदनीय बनाती है।

श्री महेश चंद्र शर्मा के कृतित्व तथा व्यक्तित्व के अन्य अनेक पहलू हैं। वे जो भी काम करते हैं, पूरी ईमानदारी से करते हैं। वे दिल्ली नगर निगम के महापौर तक रहे हैं, परंतु उनके दामन में एक भी दाग नहीं है। आज तो यह सब दुर्लभ ही है। वे गौ-उपासक हैं, गौशालाओं की फेडरेशन के अध्यक्ष हैं, अस्वस्थता एवं वयोवृद्ध होने पर भी समाज के विविध कामों में लगे रहते हैं। शर्माजी आज के कलियुग में सतयुग के व्यक्ति नजर आते हैं। उनके चेहरे पर चिर मुसकान तथा मिलने पर आनंदानुभूति देखी जा सकती है। उनकी निश्छलता और पवित्रता हमें

भी बड़ा बनाती है और गर्वानुभूति देती है कि हम उन जैसे व्यक्तियों के साथ रहते रहे हैं। वे निश्चय ही आज की स्थिति को देखते हुए अभिनंदनीय हैं। ईश्वर उन्हें चिरायु करें।

उपाध्यक्ष, केंद्रीय हिंदी संस्थान, आगरा
ए/98, अशोक विहार, फेज प्रथम, दिल्ली–110052

□

श्री महेशजी तुम सच्चे कवि-पुत्र हो

—श्री बालस्वरूप राही

मन में कभी न पालते क्रोध, जटिलता, द्वेष,
राजनीति में भी रहे, तुम बनकर दरवेश।
तुमने जीवन भर जिया एक यही अरमान
हिंदी का अधिकार जो, मिले वही सम्मान।

महापौर जब तुम बने, लाए सच का दौर
जन-जन के संकट हरे किया न कुछ भी और।
किया सदा चरितार्थ बस अपना नाम महेश,
गरल पिया संघर्ष का शुद्ध किया परिवेश।

पद पाकर कद बढ़ गया औरों की यह बात,
तुमने तो माँगी नहीं सत्ता की सौगात।
तुम सच्चे कवि-पुत्र हो, कविता पर न्योछार,
मुझ जैसे सामान्य को देते इतना प्यार।

आजादी के वास्ते किया कड़ा संघर्ष,
घबराए कब जेल से, रहे वहाँ दो वर्ष।

तुम-सा गुरुवर जब मिला शिष्य बने विद्वान्,
कई बसे साहित्य में, कई बने धनवान।
कस कर मारो तुम शतक जीवन भी है खेल,
जितने खलनायक यहाँ उनकी कसो नकेल।

डी 13ए/18, द्वितीय तल
मॉडल टाउन II, दिल्ली-9
दूरभाष : 27213716, 27462672

□

गाँव से शहर तक की यात्रा : एक नजर में

—आचार्य 'अनमोल'

श्री महेश चंद्र शर्मा का जन्म 14 मार्च, 1937 को एक मध्यम वर्गीय परिवार में जहाँगीराबाद में हुआ। उनके पिता पं. रामचंद्र शर्मा 'आनंद' हिंदी के एक प्रसिद्ध कवि एवं पत्रकार थे। माता श्रीमती ज्ञानवती धार्मिक महिला थीं। श्री शर्मा ने अपनी प्रारंभिक शिक्षा अपने जन्म स्थान जहाँगीराबाद, बुलंदशहर (उत्तर प्रदेश) से तथा उच्च शिक्षा स्नातकोत्तर तक कानपुर से प्राप्त की। श्री शर्मा बचपन से ही राष्ट्रीय स्वयंसेवक संघ के स्वयंसेवक रहे हैं। उन्होंने सन् 1948 में प्राथमिकी तथा 1952, 1958 में प्रथम वर्ष द्वितीय वर्ष ओ.टी.सी. प्रशिक्षण लिया। कानपुर में अध्ययन काल में सन् 1951 से 1954 तक बलखंडेश्वर क्षेत्र की सायंकालीन शाखाओं का कार्य देखते रहे। उन्होंने सन् 1955 से दिल्ली में अध्यापन कार्य प्रारंभ कर दिया। 1956 में आर्यसमाज द्वारा चलाए गए हिंदी आंदोलन में सत्याग्रह कर जेल गए। सन् 1957 से 1959 तक श्री शर्मा ने 'राष्ट्र हित' नामक साप्ताहिक समाचार-पत्र में अवैतनिक संपादक के पद पर भी कार्य किया। तभी से आप हिंदी साहित्य सम्मेलन के महामंत्री बने और 1998 से वर्तमान में अध्यक्ष पद को कुशलता के साथ सँभाल रहे हैं। सन् 1971 में दिल्ली नगर निगम के किशनगंज, सराय रोहिल्ला क्षेत्र

में पार्षद बने। बाद में लोकतंत्र के दमन चक्र आपातकाल के समय ये 20 माह तक मीसा के अंतर्गत जेल में बंद रहे। उसी समय 'हमारे महापुरुष' पुस्तक लिखी। श्री शर्मा ने जेल में कठिन यातनाएँ भोगने के बावजूद भी धैर्य नहीं छोड़ा। जेल से छूटकर श्री शर्मा अपने निर्वाचन क्षेत्र में लौटे और अपनी अपार लोकप्रियता के कारण सन् 1977 के निगम चुनावों में पुनः किशनगंज क्षेत्र से भारी बहुमत से विजयी हुए और सन् 2002 तक किशनगंज आनंद पर्वत क्षेत्र से निगम पार्षद रहे हैं। आप विवेकानंद पुरी शिव मंदिर के संस्थापकों में हैं और संरक्षक हैं। श्री शर्मा अनेक वर्षों तक केंद्रीय सरकार की दिल्ली पब्लिक लाइब्रेरी बोर्ड के सदस्य भी रहे। दिल्ली सरकार पाठ्यक्रम निर्माण समिति के सन् 1977 से 1982 तक सदस्य रहे हैं। दिल्ली सरकार हिंदी समिति के सदस्य रहे। दिल्ली विधानसभा चुनाव में साहित्य निर्माण समिति के संयोजक के रूप में कार्यरत हैं।

श्री महेश चंद्र शर्मा सन् 1962 से ही सहकारी आंदोलन से जुड़े रहे हैं। आप दिल्ली की 11,000 सदस्यों की सुप्रसिद्ध दिल्ली को-ऑपरेटिव थ्रिफ्ट एंड क्रेडिट सोसाइटी, भगतसिंह मार्केट (गोल मार्केट) दिल्ली के अनेक वर्षों तक अध्यक्ष एवं अवैतनिक सचिव के रूप में कार्य कर चुके हैं। आजकल आप इसके अध्यक्ष हैं। आप सन् 1999 तथा 2013 में सर्वश्रेष्ठ सहकारी बंधु पुरस्कार से भी सम्मानित हो चुके हैं। श्री शर्मा ने अपने जीवन काल में हिंदी सेवा लेखन में कई उपाधियाँ व पुरस्कार भी प्राप्त किए हैं। राष्ट्रभाषा हिंदी, नैतिक शिक्षा, शिक्षक का दायित्व, पर्यावरण तथा गाय पर अनेक लेख लिखे जो प्रकाशित हुए। दिल्ली सरकार ने सन् 1963 और 1974 में इन्हें सर्वश्रेष्ठ हिंदी वक्ता के रूप में सम्मानित किया। दिल्ली सरकार, 'हिंदी अकादमी' ने इन्हें 1989 में सर्वश्रेष्ठ हिंदी अध्यापक के रूप में सम्मानित किया। 'दिल्ली जागरूक नागरिक परिषद्' ने इन्हें 'हिंदीसेवी रत्न' उपाधि से विभूषित किया। सन् 1997 में एक बार फिर हिंदी अकादमी ने इन्हें सर्वश्रेष्ठ वक्ता का पुरस्कार देकर सम्मानित

किया। सन् 1998 में श्री महेश चंद्र शर्मा को हिंदी लेखन और सेवा हेतु 'प्रकाशवीर शास्त्री' राष्ट्रीय पुरस्कार प्राप्त हुआ। लॉयंस क्लब, दिल्ली ने भी इनकी उत्कृष्ट समाज सेवा के लिए इन्हें कई बार सम्मानित किया है। ये सारे सम्मान और उपलब्धियाँ इनके व्यक्तित्व में चार चाँद लगाते हैं। शिक्षा और हिंदी लेखन में इनकी विशिष्ट सेवाओं के फलस्वरूप सितंबर 1994 में इन्हें डॉ. राधाकृष्णन् शिक्षक पुरस्कार प्रदान किया गया। सन् 2008 में नगर निगम में विशिष्ट सेवा के लिए उपराज्यपाल एवं मुख्यमंत्री द्वारा नगर निगम की स्वर्ण जयंती पर सम्मानित किया गया।

दिल्ली नगर निगम में शिक्षा समिति के अध्यक्ष, सदन के नेता, उपमहापौर, महापौर श्री महेश चंद्र शर्मा की जीवनी किसी परिचय की मोहताज नहीं है। इन पदों पर आसीन रहते हुए श्री शर्मा दिल्ली के विकास कार्यों तथा गौ-सेवा में तन्मयता से लग गए तथा निगम में हिंदी को महत्त्वपूर्ण स्थान दिलाया। इनका सारा जीवन समाज की सेवा तथा भारतीय संस्कृति के संरक्षण, संवर्धन व निष्काम कर्म करने के प्रचार में बीत रहा है। हिंदी भाषा के जन-जन में प्रचलन में इनकी सक्रिय भूमिका को हिंदी जगत् कभी नहीं भुला सकता।

प्राचीन वेदों एवं शास्त्रों में गुरु को समाज में सर्वोच्च स्थान दिया गया है। श्री महेश चंद्र शर्मा ने दिल्ली के प्राचीनतम एवं सर्वश्रेष्ठ ए.एस. वी.जे. उच्चतर माध्यमिक विद्यालय, दरिया गंज में वरिष्ठ प्रवक्ता के रूप में गुरु की भूमिका का पूर्ण कर्तव्यनिष्ठा व समर्पित भाव के साथ निर्वाह किया। श्री शर्मा प्रसिद्ध समाजसेवी व भारतीय संस्कृति के प्रचारक होने के साथ-साथ लेखनी के धनी, स्पष्ट वक्ता, मृदुभाषी, दीन-हीन एवं दरिद्रों के साथी हैं। केंद्रीय माध्यमिक शिक्षा बोर्ड द्वारा, जब 1979-1980 में कक्षा 9-10 में हिंदी शिक्षण को वैकल्पिक कर दिया था तो 'राष्ट्रभाषा प्रचार समिति' के अध्यक्ष के रूप में तथा 'दिल्ली हिंदी साहित्य सम्मेलन' के महामंत्री और 'दिल्ली प्रदेश हिंदी संस्कृत संघ' के अध्यक्ष के सहयोग से

आंदोलन चलाया और हिंदी शिक्षण अनिवार्य कराने के लिए त्रिभाषा को लागू कराया। इसी वर्ष दिल्ली विश्वविद्यालय, जो केंद्रीय विश्वविद्यालय होने के कारण शत-प्रतिशत कार्य केवल अंग्रेजी में कर रहा था, साहित्य सम्मेलन के प्रयासों से राजभाषा अधिनियम के अनुसार द्विभाषी कार्य करने के आदेश 7/6/2011 को कराए। सन् 2010 के राष्ट्रमंडल खेलों में राजभाषा को समुचित स्थान देने के लिए अनेक सांसदों और राष्ट्रीय नेताओं को राष्ट्रभाषा हिंदी का महत्त्व बताकर 4/1/2010 को प्रथम हिंदी में द्वितीय स्थान पर अंग्रेजी में द्विभाषी करने के निर्देश कराए। दिल्ली की उच्चतर माध्यमिक शिक्षा में हिंदी भारतीय भाषाओं का शिक्षण अनिवार्य हो तथा विश्वविद्यालय शिक्षा में हिंदी को महत्त्वपूर्ण स्थान मिले, इसके लिए वे प्रयत्नशील हैं। स्वामी विवेकानंद द्वारा स्थापित आदर्शों व मूल्यों का अनुसरण करते हुए निष्काम सेवा उनके स्वभाव, चरित्र व कर्मों में समाहित है। उनका प्रतिभाशाली व्यक्तित्व एवं कार्य करने की अदम्य क्षमता आज की युवा पीढ़ी के लिए अनुकरणीय है। इन्हीं गुणों के कारण विवेकानंद के आदर्शों पर चलने वाली भारत विकास परिषद् के राष्ट्रीय मंत्री हैं। सामाजिक, साहित्यिक एवं राजनीतिक कार्यों में संलग्न रहने के साथ-साथ समय-समय पर पत्र-पत्रिकाओं में श्री शर्माजी के लेख प्रकाशित होते रहे हैं। नैतिक शिक्षा, विवेकानंद, गोस्वामी तुलसीदास आदि पर लघु पुस्तिकाएँ भी प्रकाशित हुई थीं, संस्कृति, पर्यटन और झंडेवाला देवी मंदिर नई दिल्ली एवं अवंतिका देवी मंदिर (बुलंदशहर), जहाँ कृष्ण भगवान् की रुक्मिणी से शादी हुई थी, उससे संबंधित तथा उसके विकास हेतु संलग्न हैं।

श्री शर्मा ने 'भारत विकास परिषद्' के सहयोग से किशनगंज, चंद्रशेखर आजाद कॉलोनी क्षेत्र में असहाय तथा निर्धन बच्चों के लिए सिलाई प्रशिक्षण केंद्र, पुस्तकालय एवं वृद्ध सुविधा केंद्र, विकलांग सहायता केंद्र भी स्थापित किए हैं, जहाँ निराश्रित तथा गरीबों की मदद की

जाती है। 'विवेक चैरिटेबल सोसाइटी', 'किशनगंज आनंद पर्वत विकास समिति', 'हरित प्रयास एवं स्वास्थ्य सुधार समिति' और 'भारत विकास परिषद्' के माध्यम से वे नि:शुल्क चिकित्सा शिविरों, रक्तदान शिविरों एवं मेधावी छात्रों को पुरस्कृत करने और निर्धन बच्चों को उपहार दिलाने के लिए निरंतर प्रयासरत रहते हैं।

बच्चों में नैतिक शिक्षा, संस्कार, शिष्टाचार एवं राष्ट्रभाषा के प्रति प्रेम की भावना जाग्रत् कराने के लिए छात्रों और शिक्षकों की प्रतियोगिताओं का आयोजन कराने में इनकी विशेष रुचि रही है। श्री शर्मा विगत 52 वर्षों से हिंदी भाषा और साहित्य के विकास और संवर्धन में सक्रिय भूमिका निभा रहे हैं। गत 18 वर्षों से आप 'दिल्ली हिंदी साहित्य सम्मेलन' के अध्यक्ष हैं। इसके अध्यक्ष के रूप में कार्य करते हुए आपने सम्मेलन को नई दिशा और आयाम दिए हैं। इसी के साथ-साथ भारत विकास परिषद् के दिल्ली प्रदेश के अध्यक्ष और बाद में राष्ट्रीय मंत्री के रूप में विकलांग मुक्त दिल्ली बनाने के लिए पिछले अनेक वर्षों से प्रयत्नशील रहे हैं। भारत विकास परिषद् की अनेक शाखाओं के द्वारा आपके प्रयास से समाजसेवा, अभावग्रस्त व्यक्तियों की सहायता और नि:शुल्क कानूनी सहायता का प्रावधान किया गया है। श्री शर्मा ने राष्ट्रीय कवि श्री कृष्ण मित्रजी के सहयोग से राजेंद्र नगर, साहिबाबाद में वरिष्ठायन की स्थापना श्री यशपाल लवजी से कराई, जहाँ सैकड़ों वरिष्ठ नागरिक चिकित्सा, पुस्तकालय, धार्मिक, सामाजिक, सुविधाओं से लाभान्वित हो रहे हैं। प्रारंभ में गोपाल गौ-सदन हरेवली, दिल्ली के ट्रस्टी और बाद में उसके अध्यक्ष के रूप में तीन-चार वर्ष तक कार्य किया। श्री शर्मा का गौ-सेवा हेतु दिल्ली में महत्त्वपूर्ण योगदान रहा है। गौशालाओं को दिल्ली सरकार और नगर निगम से गायों के भरण-पोषण के लिए कोई निश्चित राशि व अनुदान नहीं मिलता था। दानियों के दान से ही गौशालाएँ चलती थीं, फिर बाद में श्री महेश चंद्र शर्मा और उनके

मित्रों के सहयोग से उच्च न्यायालय में याचिका डालने के बाद दिल्ली उच्च न्यायालय से सन् 2005 में 20 रु. प्रति गाय प्रतिदिन नगर निगम से तथा 5 रु. दिल्ली सरकार से मिलना प्रारंभ हो गया। गौ-सदन फाउंडेशन के प्रयासों से श्री महेश चंद्र शर्माजी ने सन् 2010 से भी दिल्ली सरकार से 5 रु. की बजाय 20 रु. प्रतिदिन प्रति गाय भोजन भरण-पोषण के लिए दिलाना प्रारंभ करवा दिया। आजकल आप गौ-सदन फेडरेशन के अध्यक्ष हैं और गौरक्षण के लिए बनाई गई कृषि पशुरक्षण एवं संवर्धन बोर्ड दिल्ली सरकार के भी सदस्य हैं, जिनके प्रयासों से आज प्रत्येक गौ-सदन को प्रति गाय 20 रु. नगर निगम और 20 रु. दिल्ली सरकार से प्रतिदिन मिलता है। आप नगर निगम में शिक्षा विशेषज्ञ के नाते समिति के मनोनीत सदस्य हैं।

भारत विकास परिषद् दिल्ली उत्तर के मुख्य संरक्षक हैं। दिल्ली की सभी गौशालाओं की फेडरेशन के चेयरमैन हैं। आप भगवान् परशुराम तकनीकी इंजीनियरिंग कॉलेज, रोहिणी दिल्ली के प्रारंभ से ही ट्रस्टी हैं।

जय हो चंद्र महेश महान्।
जय हो सकल गुणों की खान॥

सेवाभाव भरा है मन में,
श्रम-निष्ठा का घर है तन में।
जिसने आलस को है त्यागा,
कलुषित भाव हृदय से भागा।
करूँ वंदना उस नर-हरि की,
हैं मन से धनवान॥
जय हो···

नाम महेश धरा पर पाया,
कर्म-विवेकशील है काया।
सेवक बनकर सेवा करते,
अपना पुण्य-घड़ा नित भरते।
हिंदी सेवा के कारण ही
पाया जग सम्मान॥
जय हो···

जीवन जिसका नित्य तपस्वी,
शील-विनय, अतिज्ञान-मनस्वी।
भाषण कौशल जब दिखलाते,
सुधी जनों को राह दिखाते।
इनकी गाथा अजर-अमर है,
हैं दिल्ली की शान॥
जय हो···

यौवन सारा यहीं बिताया,
यश-गौरव भी अनुपम पाया।
हिंदी के सुत हैं ये प्यारे,
कवियों के महके गलियारे।
धन्य-धन्य हिंदी के सेवक,
गाते हैं कवि गान॥
जय हो···

दिल्ली के मेयर कहलाए,
शिक्षक बनकर छात्र पढ़ाए।

गौ–सेवा में सबकुछ वारा,
हिंदी हित को तन–मन सारा।
बनकर के 'अनमोल' जगत् में
चलते सीना तान॥
जय हो…

सी–84, शास्त्री निवास
गली नं. 3, भजनपुरा
दिल्ली–110053
मो.–9654320867

□

श्री महेश चंद्र शर्मा और उनका व्यक्तित्व

—डॉ. कृष्ण मित्र

जिन्होंने अपने संकल्पों के लिए सदैव सर्वस्व समर्पित कर, अपने जीवन की उपादेयता को सामाजिक सेवा ही बनाना सीखा हो, जिनकी सामाजिक संस्थाओं के साथ जुड़कर आगे बढ़ने की महत्त्वाकांक्षा ही सर्वोच्च स्वाभाविकता रही हो और जिनके मन मस्तिष्क में राष्ट्र के हित, निष्ठा और समर्पण का भाव विद्यमान हो, उस व्यक्तित्व का नाम है—श्री महेश चंद्र शर्मा। वही महेश चंद्र शर्मा, जिन्होंने हिंदी के प्रति अपना अनुराग अपने जीवन काल से अब तक जाग्रत् रखा हो; वही श्री महेश चंद्र शर्मा जिन्होंने लोकतंत्र के दामन में अनेक यातनाओं को भोगने के बाद भी अपनी राष्ट्रभक्ति को बनाए रखा हो और वही श्री महेश चंद्र शर्मा जो दिल्ली के महापौर जैसे महत्त्वपूर्ण पद पर रहकर भी निरभिमान और अहंकारविहीन सरल जीवन के स्पष्ट उदाहरण हैं। दिल्ली हिंदी साहित्य सम्मेलन ऐसे अध्यक्ष को पाकर अपने आपको गौरवान्वित महसूस करता है।

14 मार्च, 1937 को मध्यवर्गीय परिवार जहाँगीराबाद (बुलंदशहर) में जनमे श्रीमान् महेश चंद्र शर्मा के स्वर्गीय पिता पंडित रामचंद्र शर्मा, जो स्वयं एक प्रख्यात कवि और पत्रकार थे। उनके संस्कारों का प्रभाव स्वाभाविक रूप से महेश चंद्र शर्मा पर भी पड़ा। सन् 1955 से ही अध्यापन कार्य प्रारंभ कर श्री महेश चंद्र शर्मा ने हिंदी के प्रति अपनी आस्था का सूत्रपात कर दिया था। राष्ट्रहित साप्ताहिक पत्र से पत्रकारिता प्रारंभ कर

अपने उद्देश्यों के प्रति अपनी निष्ठा को व्यक्त कर दिया था। अध्यापन के प्रति वे ईमानदारी से अग्रसर होने को प्रस्तुत रहे। हिंदी आंदोलन में सत्याग्रह करके वे जेल गए। इस प्रकार आर्यसमाज के उद्देश्यों के प्रति वे पक्षधर के रूप में समाज के सम्मुख अवतरित हुए।

हिंदी साहित्य सम्मेलन दिल्ली के सभी कार्यक्रमों के प्रति वे गंभीरता से निरंतर सक्रिय रहे। यही कारण है कि पहले वे साहित्य सम्मेलन के मंत्री और उसके पश्चात् विभिन्न पदों पर प्रतिष्ठित रहे। राजनीति में सक्रिय होकर श्री महेश चंद्र शर्मा सन् 1971 में निगम पार्षद बने और लोकप्रियता के कारण वे सन् 1977 और पुनः 2002 तक किशनगंज आनंद पर्वत क्षेत्र से निगम पार्षद रहे, जिसके कारण ही बाद में वे महापौर जैसे सम्मानित पद पर निर्वाचित हुए। उन्होंने अपने कृतित्वों से क्षेत्र की तो सेवा की ही दिल्ली के प्रतिष्ठित साहित्य सेवियों में अपना स्थान बनाया।

श्री महेश चंद्र शर्मा को प्राप्त अनेक मानद उपाधियों के संबंध में विचार करते समय हम देखते हैं कि उन्हें अनेक वर्षों तक दिल्ली पब्लिक लाइब्रेरी की सदस्यता से विभूषित किया गया। आप विवेकानंद शिवपुरी मंदिर के संस्थापक हैं। दिल्ली सरकार की पाठ्यक्रम समिति के सदस्य के रूप में 1977 से 1982 तक रहे। आप दिल्ली के सुप्रसिद्ध 11,000 सदस्यों की दिल्ली को-ऑपरेटिव थ्रिफ्ट एंड क्रेडिट सोसाइटी गोल मार्किट के अनेक वर्षों तक अवैतनिक सचिव रह चुके हैं। आपको सर्वश्रेष्ठ सहकारी बंधु पुरस्कार सन् 1999 तथा 2013 में प्राप्त हो चुका है।

श्री महेश चंद्र शर्मा ने लेखन और हिंदी सेवा के लिए अनेक सम्मान प्राप्त कर एक कीर्तिमान स्थापित किया है। राष्ट्रभाषा, नैतिक शिक्षा, शिक्षक का दायित्व, पर्यावरण और गाय पर अनेक प्रेरणाप्रद लेख प्रकाशित कर नई पीढ़ी को ऊर्जास्वित करने का कार्य किया है। हिंदी अकादमी ने उन्हें सर्वश्रेष्ठ वक्ता का पुरस्कार प्रदान कर सम्मानित किया है। हिंदी सेवा के लिए ही उन्हें 'प्रकाशवीर शास्त्री राष्ट्रीय पुरस्कार' प्राप्त हुआ है। शिक्षा

और हिंदी लेखन में सन् 1994 में 'डॉ. राधा कृष्णन शिक्षक पुरस्कार' उनकी वक्तृत्व शक्ति का द्योतक है। सन् 2008 में नगर निगम में विशेष सेवा के लिए उपराज्यपाल और मुख्यमंत्री ने स्वर्ण जयंती सम्मान प्रदान कर उनकी विशेष प्रतिभा को सम्मानित किया है।

श्री महेश चंद्र शर्मा का नाम दिल्ली नगर निगम की शिक्षा समिति के अध्यक्ष, सदन के नेता, उपमहापौर, महापौर आदि पर रहना उनकी सर्वोत्कृष्ट जीवनी के लिए किसी परिचय का मोहताज नहीं है। इन पदों पर रहते हुए उन्होंने हिंदी के वर्चस्व को बनाए रखने के लिए सदैव एक जागरूक व्यक्तित्व के रूप में स्वयं को प्रदर्शित किया है। हिंदी भाषा और इसकी उन्नति के लिए केंद्र और केंद्र की विभिन्न गतिविधियों में अपनी विशेष उपस्थिति बनाए रखने की भूमिका उनका उल्लेखनीय कार्य है।

राष्ट्रभाषा और भारतीय संस्कृति के भरण-पोषण के लिए जो भी किसी सामाजिक संस्थान से संभव हो सकता है, उसका दायित्व श्री महेशजी ने पूरी तरह अपने कृतित्वों में जोड़ रखा है। भारत विकास परिषद् हो या अनेक अन्य सामाजिक संस्थाएँ उनसे वे निकट से जुड़कर स्वयं को धन्य मानते हुए निरंतर गतिमान हैं। गौसंवर्धन में अपने योगदान के लिए उनका जितना भी प्रयास है, उसमें गोपाल गौ-सदन हरेवली, और गौ-सदन फेडरेशन के आप अध्यक्ष हैं, जो एक अनुकरणीय कार्य है। इसके अलावा भगवान् परशुराम तकनीकी इंजीनियरिंग कॉलेज, रोहिणी के आप ट्रस्टी हैं। इस तरह के बहुआयामी कार्यक्रमों के पोषक श्री महेश चंद्र शर्मा के संबंध में क्या कुछ नहीं कहा जा सकता।

हम सबके लिए गौरव के क्षण हैं कि उन्हीं साहित्यसेवी, समाज समन्वयक, हिंदी जगत् के अनुभवी व्यक्तित्व पर केंद्रित श्री महेश चंद्र शर्मा व्यक्तित्व एवं कृतित्व जैसे सन्दर्भों को सम्मुख रखकर, सर्वतोमुखी ग्रंथ का प्रकाशन किया जा रहा है। अनेक विद्वान् चिंतकों और परामर्शदाताओं की पारखी कलम से उद्धृत विचारों से ओत-प्रोत यह कृति संस्कारित विचारों

को अनुप्राणित कर सबका मार्गदर्शन करेगी। अनुभवी लेखकों और महान् चिंतकों द्वारा श्री महेश चंद्र शर्मा के कृतित्वों का समूचा लेखा–जोखा भावी पीढ़ियों के लिए और भी प्रेरणा प्रदान करनेवाला होगा।

इस अवसर पर उनके प्रभावी व्यक्तित्व को प्रणाम कर उनके दीर्घ जीवन की यशस्वी भूमिका की कामना ही हमारा लक्ष्य होना चाहिए। संभवत: यही अपेक्षित भी है।

सुप्रसिद्ध वरिष्ठ गीतकार
1, राकेश मार्ग, गाजियाबाद

□

श्री महेश चंद्र शर्मा : एक व्यक्तित्व

—श्री मेवाराम आर्य

राष्ट्रीय स्वयंसेवक संघ के आदर्शों में पले-बढ़े श्री महेश चंद्र शर्मा का व्यक्तित्व एवं कृतित्व राष्ट्रवाद से ओत-प्रोत है। उन्हें मुझे निकट से जानने का अवसर देश की राजधानी दिल्ली में जे.पी. आंदोलन के दौरान प्राप्त हुआ। शिक्षा के साथ-साथ राजनीतिक, सामाजिक जीवन में उन्होंने विशेष स्थान बनाया। सार्वजनिक कार्यकर्ता के रूप में उनकी विशिष्ट पहचान है।

मुझे याद आता है कि श्री महेश चंद्र शर्मा भारतीय जनता पार्टी के प्रमुख संगठनकर्ता के रूप में मंडल से लेकर जिला एवं प्रदेश के विभिन्न दायित्वों का निर्वहन करते हुए निर्वाचित प्रतिनिधि के रूप में दिल्ली नगर निगम में महापौर, उपमहापौर तथा शिक्षा समिति के अध्यक्ष के रूप में महत्त्वपूर्ण दायित्वों का निर्वहन कर चुके हैं।

हिंदी साहित्य सम्मेलन के प्रमुख के रूप में लंबे समय से वे हिंदी के प्रचार-प्रसार में अग्रणी हैं। गौसंवर्धन के कार्यों में भी अग्रज की भूमिका निभाने के साथ-साथ सेवा कार्यों में भी निरंतर कार्यरत हैं। लगन के धनी श्री महेश शर्मा के स्वस्थ, सक्रिय एवं श्रेष्ठ जीवन की मैं कामना करता हूँ कि वे सदैव दिल्ली के लोकजीवन में विशिष्ट भूमिका का निर्वहन करते रहें।

पूर्व विधायक, दिल्ली
25/11, वैस्ट पटेल नगर, नई दिल्ली-8
मो. : 9811056334

□

हिंदी साहित्य सम्मेलन के पर्यायवाची : महेश चंद्र शर्मा

—श्रीमती इंदिरा मोहन

समय की परिवर्तनशीलता से कौन परिचित नहीं? देखते-देखते समय के तेवर बदलते जा रहे हैं। फिर भी हर देश की पहचान उसके साहित्य, उसकी कला से ही होती है। जब-जब समाज और साहित्य के संबंध में विचारणीय प्रश्न उठ खड़े होते हैं, तब-तब समाज, उनके समाधान के लिए समर्पित एवं कर्मठ, भाषाप्रेमी-मनीषियों की ओर नजर दौड़ाता है तो उस श्रेणी में कतिपय प्रबुद्ध लोग ही दिखाई देते हैं। श्रद्धेय श्री महेश चंद्र शर्मा ऐसे ही प्रबुद्ध चेतना के धनी हैं, जो हृदय और बुद्धि के संतुलन द्वारा राजनीति, राष्ट्र और राष्ट्रभाषा को गति प्रदान कर रहे हैं।

शर्माजी ने हिंदी के लिए क्या नहीं किया? अपने व्यस्त राजनीतिक और सामाजिक जीवन में से कितने ही वर्ष वे राष्ट्रभाषा हिंदी के लिए समर्पित करते रहे, कार्यकर्ताओं को संगठित किया, दानदाताओं को जोड़ा, सम्मेलन के मंच से अनेक आयोजन निरंतर कर रहे हैं। दिल्लीवासियों को हिंदीमय बनाते हुए भाषा एवं विद्यालय और न्यायालयों में हिंदी के प्रचार-प्रसार का कार्य सबको साथ लेकर आज तक करते रहे हैं। वे तो हिंदी सम्मेलन के पर्यायवाची बन गए हैं।

आपका मानना है कि हिंदी ही सच्चे अर्थ में भारत की चेतना को वाणी देने का कार्य कर रही है। मनुष्य सृष्टि का उपभोक्ता या स्वामी नहीं है। वह सृष्टि के साथ सामंजस्य स्थापित करनेवाला भी नहीं, वरन् समस्त जीवों के साथ सहभोक्ता भी है—समरसता का यह भाव, सौहार्द का यह व्यवहार हिंदी की विशेषता है और यही विशेषता शर्माजी की भी है। आपके व्यक्तित्व में आत्मीयता की मिठास ऐसी घुली हुई है कि एक बार जो आपसे मिलता है, वह आपका प्रशंसक हो जाता है। आपका 'गुरुत्वाकर्षण' ऐसा है कि सब सहर्ष आपके शिष्य बन जाते हैं। आपकी कर्मठता ऐसी तूफानी है कि वे उम्र को लाँघते हुए जोश और उत्साह से लग जाते हैं, आज के युवा तो उनके पीछे हाँफते-से ही दीखते हैं। वास्तव में, विराट् बहुआयामी व्यक्तित्व को कुछ पृष्ठों में सहेजना सरल नहीं। उनकी आत्मीयता और विनम्रता का संरक्षण मुझे वर्षों से सहज प्राप्त हो रहा है। वे तो शील सौजन्य के मूर्तिमान स्वरूप हैं। मुख पर सरलता की कांति बरबस अपनी ओर आकृष्ट कर लेती है। वे तो निष्कपट, निःस्पृह तथा मृदुभाषी व्यक्तित्व के स्वामी हैं—परिश्रम उनका स्वभाव है तो परोपकार उनका धर्म। यही कारण है कि दुःख में, सुख में वे सबको सहज सुलभ हैं।

शर्माजी के विचार से हिंदी श्रद्धा और प्रेम का रचनात्मक कार्यक्रम है। अतः सरकार की ओर निहारने की अपेक्षा जनता को ही हिंदी के प्रति जगाना उचित है—'सम्मेलन' के द्वारा वे इसी लक्ष्य की ओर निरंतर सक्रिय रहते हैं। 'अथर्ववेद' में एक मंत्र है—मन से एक बनो, विचार से एक बनो। मन से एक होना समाज के अस्तित्व का सार है। इस एकता को साधना सरल नहीं। अपने अहम् का त्याग कर नींव का पत्थर बनना पड़ता है—यह शर्माजी का जीवन दर्शन है। तभी तो शारीरिक और मानसिक अंतर्द्वंद्वों को मुसकराते हुए सहना आपका स्थायी भाव बन गया है। वे तो समष्टि के कल्याण के लिए शिवत्व की साधना कर रहे हैं।

जीना भी एक कला है। जिसको आती है, वह संघर्षों की धूप-छाँह में, पथरीली डगर पर चलते-चलते एक हरा-भरा रास्ता बना देता है, जिस पर चलकर भावी पीढ़ियाँ अपना लक्ष्य पा जाती हैं।

ऐसे हिंदीमना, हिंदी के प्रबल समर्थक को मेरा शत-शत नमन। वे स्वस्थ रहें, उनका आशीर्वाद हम सबको छाया देता रहे।

महामंत्री, दि.हि.सा. सम्मेलन

□

विराट् व्यक्तित्व के धनी : श्री महेश चंद्र शर्मा

—डॉ. रवि शर्मा 'मधुप'

बात लगभग बीस वर्ष पुरानी है। नई दिल्ली स्थित हिंदी भवन में एक संगोष्ठी चल रही थी। विषय था—दिल्ली नगर निगम में हिंदी की स्थिति। मंच पर उपस्थित विशिष्ट विभूतियों के बीच बैठे थे—संगोष्ठी के अध्यक्ष श्री महेश चंद शर्मा। लंबा कद, दुबला, किंतु सुगठित शरीर, गेहुँआ रंग, सिर पर घने काले केश, आँखों में बालकों-सी चमक, वाणी में युवाओं-सा जोश, चेहरे पर आत्मीयतापूर्ण मुस्कान। उन्हें देखकर मैं स्वत: ही उनसे प्रभावित हुए बिना न रह सका। संगोष्ठी के अंत में जब वे अध्यक्षीय वक्तव्य के लिए खड़े हुए तो संचालक द्वारा दिए गए परिचय से पता चला कि श्री महेश चंद्र शर्मा दिल्ली हिंदी साहित्य सम्मेलन के अध्यक्ष हैं, वे दिल्ली के महापौर रह चुके हैं तथा विद्यालय में अनेक वर्षों तक शिक्षण करने के पश्चात् अब तन-मन-धन से भारतीय संस्कृति, भारत की राष्ट्रभाषा हिंदी तथा गौमाता के संरक्षण, संवर्धन में रत हैं।

शर्माजी ने अपने अध्यक्षीय उद्‌बोधन में दिल्ली नगर निगम में हिंदी की स्थिति सुधारने के लिए किए गए व्यावहारिक कार्यों का उल्लेख किया तथा भविष्य की योजनाओं की रूपरेखा बताई। बीच-बीच में अनेक बार

श्रोताओं ने करतल ध्वनि से उनकी बातों का समर्थन किया। संगोष्ठी संपन्न हुई। मैंने अपना संक्षिप्त परिचय दिया और उनके वक्तव्य और विचारों की सराहना की। मैं घर आ गया, परंतु महेशजी का व्यक्तित्व मुझ पर हावी हो चुका था। उन्हीं दिनों मैं राजभाषा संघर्ष समिति एवं विश्वविद्यालय हिंदी परिषद् के पदाधिकारियों एवं हिंदी सेवियों प्रो. कृष्ण लाल, श्री शामलाल, स्व. श्री जगन्नाथ, श्री नाहर सिंह वर्मा, श्री कृष्ण कुमार ग्रोवर आदि के संपर्क में आया। हालाँकि उससे पूर्व भी मैं संघ लोक सेवा आयोग के बाहर धरना दे रहे हिंदी सत्याग्रहियों सर्वश्री डॉ. बलदेव वंशी, पुष्पेंद्र चौहान, राजकरन सिंह आदि के संपर्क में रह चुका था।

इसी बीच 'राजभाषा संघर्ष समिति' के एक कार्यक्रम के सिलसिले में मुझे श्री महेश चंद्र शर्माजी से 31, उत्तरी परिसर स्थित दिल्ली हिंदी साहित्य सम्मेलन के कार्यालय में जाकर उनसे मिलने का सुअवसर मिला। आदरणीय महेशजी ने जिस आत्मीयता एवं सहजता से मुझसे बात की, सारे कार्यक्रम पर चर्चा की तथा तुरंत सहयोग देने के लिए तैयार हो गए, वह अनुभव मेरे लिए अद्भुत एवं अविस्मरणीय है। यहाँ से मेरा जो जुड़ाव शर्माजी तथा 'दिल्ली हिंदी साहित्य सम्मेलन' से हुआ, वह दिन-प्रतिदिन और घनिष्ठ होता चला गया। जैसे-जैसे मैं शर्माजी के निकट आता गया, मुझे उनके व्यक्तित्व की विराटता का बोध होता गया। उनमें दूसरों को अपना बना लेने की अद्वितीय क्षमता है। जो भी एक बार उनके संपर्क में आता है, वह उनका ही होकर रह जाता है।

श्री महेश चंद्र शर्माजी गुणों की खान हैं। सकारात्मक सोच, मृदुल-स्नेहिल स्वभाव, निरंतर सक्रियता, समाजसेवा, कठोर परिश्रम, भारतीय संस्कृति एवं जीवन मूल्यों का अथाह ज्ञान, सटीक-सारगर्भित-संयमित वाणी, विनम्रता की पराकाष्ठा, सभी के साथ समन्वय, लोकतांत्रिक चिंतन, उत्कट जिजीविषा आदि अनेकानेक गुण उनमें समाहित हैं। मैंने

उन्हें सदैव आशावादी एवं कर्मनिष्ठ पाया है।

दिल्ली हिंदी साहित्य सम्मेलन को दिल्ली नगरनिगम से अनुदान मिलता था। प्रतिवर्ष इस संबंध में बहुत ही असमंजस की स्थिति रहती है। सत्तासीन दल को हर प्रकार से आश्वस्त करना पड़ता है, तब कहीं जाकर देर-सवेर यह अनुदान मिल पाता है और अब तो वह भी बंद हो गई है। बिना धन के कोई भी आयोजन संभव नहीं होता, किंतु शर्माजी बिना इसकी परवाह किए कार्यक्रम की रूपरेखा बना लेते हैं। सामूहिक चर्चा के आधार पर मुख्य अतिथि से लेकर सभी अतिथियों, वक्ताओं आदि का निर्धारण हो जाता है। शर्माजी स्वयं अपने व्यक्तिगत संपर्कों से आयोजन की सारी व्यवस्थाएँ करते हैं।

हिंदी का कार्यक्रम उनके लिए अपनी बेटी के विवाह के समान व्यक्तिगत कार्यक्रम हो जाता है। आयोजन को सफल बनाने के लिए वे दिन-रात एक कर देते हैं। उनके कार्यक्रम में मंच पर विभिन्न विचारधाराओं, विविध राजनीतिक दलों एवं भिन्न-भिन्न गुटों के महारथी एक साथ विराजमान होते हैं। शर्माजी सभी के साथ समन्वयात्मक, सहयोगात्मक संबंध रखते हैं। वे सबको यथोचित मान-सम्मान देते हैं, इसलिए सभी उनको समुचित आदर-मान देते हैं। वे जिसे जो कार्य कह देते हैं, वह 'न' कह ही नहीं सकता।

प्रतिवर्ष की भाँति गत वर्ष भी दिल्ली हिंदी साहित्य सम्मेलन द्वारा साहित्यकार सम्मान समारोह आयोजित किया जाना था। इस अवसर पर एक स्मारिका प्रकाशित की जानी थी। कई वर्षों से शर्माजी ने इसके संपादन का दायित्व मुझ पर डाल रखा था। अधिकतर कार्य वे स्वयं करते हैं, किंतु श्रेय दूसरों को दे देते हैं। कार्यक्रम में केवल दो दिन शेष थे। स्मारिका अभी तक छपकर नहीं आई थी। उसका अंतिम प्रूफ देखा जाना बाकी था। रात में लगभग साढ़े नौ बजे उनका फोन आया, "रविजी, स्मारिका का प्रूफ आ गया है। आप एक बार जरूर देख लें। कल सुबह

छापने के लिए भेजनी है।" मैंने कहा, "ठीक है, मैं कल सुबह देख लूँगा।" वे बोले, "यदि मैं आपके पास प्रूफ लेकर अभी आ जाऊँ तो आपको अधिक परेशानी तो नहीं होगी?" मैं कुछ उत्तर दे पाता, इससे पहले ही वे बोले, "ठीक है, मैं आ रहा हूँ।" मैं हैरान रह गया। लगभग 80 वर्ष की अवस्था, रात्रि के दस बजे का समय, सर्दी का मौसम। लेकिन शर्माजी तो आज का काम कल पर टालना जानते ही नहीं। 'काल करे सो आज कर, आज करे सो अब' में विश्वास रखनेवाले शर्माजी रात दस बजे मेरे घर आए, लगभग डेढ़ घंटे में स्मारिका के प्रूफ ठीक करवाकर वे ले गए। धन्य हैं ऐसे कर्मठ, उत्साही युवा हिंदी प्रेमी शर्माजी।

माननीय श्री महेश चंद्र शर्माजी का वाणी पर अनूठा संयम है। औपचारिक बातचीत हो या अनौपचारिक, वे सदैव सटीक एवं सारगर्भित बात करते हैं। मुझे याद नहीं कि उन्होंने कभी टेलीफोन पर पूरे एक मिनट तक बात की हो। 40-50 सेकंड में अपनी बात समाप्त करने की कला में वे सिद्धहस्त हैं। महिलाओं का वे मन से सम्मान करते हैं। प्राय: ही वे आयु के अनुसार किसी को 'बहन', किसी को 'बिटिया' तो किसी को 'बहूरानी' कहकर संबोधित करते पाए जाते हैं।

शर्माजी के सांस्कृतिक व्यक्तित्व की छाप उनके पूरे परिवार पर दृष्टिगोचर होती है। उनका घर मानो भारतीय संस्कारशाला है। उनकी पुत्रियाँ, पुत्रवधू (सुषमाजी), सुपुत्र (राकेशजी), पौत्र (प्रखर प्रतीक), पौत्रवधू (डॉ. निशा) एवं नन्हा प्रपौत्र (रियांश) से मिलकर उनके संयुक्त परिवार को आज के आदर्श-अनुकरणीय परिवार में परिवर्तित कर देते हैं। परस्पर सहयोग भावना, आत्मीय मेल-मिलाप, सबको यथोचित मान-सम्मान-स्नेह समर्पित करता यह परिवार कलियुग में त्रेता युग के राम-परिवार का स्मरण दिलाता है। एक शिखरपुरुष के संस्कार कैसे वटवृक्ष बनकर पूरे परिवार को पोषित-पल्लवित-पुष्पित करते हैं, शर्माजी का परिवार इसका जीवंत उदाहरण है। प्रभु इस परिवार को दुष्टों की

कुदृष्टि से बचाएँ।

सामाजिक दायित्वों के निर्वहन में शर्माजी कभी पीछे नहीं रहते। मेरी माताजी के देहांत पर आयोजित शोक सभा में वे न केवल पधारे, अपितु पूरा समय रुके और अपनी ज्ञानपूर्ण वाणी से सभा में मुझे तथा मेरे परिवारजन को सांत्वना दी। शर्माजी लोकतांत्रिक चिंतन में विश्वास रखते हैं। वे सभी को साथ लेकर चलने की कला में निपुण हैं। किसी भी कार्यक्रम का आयोजन हो, वे तुरंत बैठक बुलाते हैं, सभी की सलाह लेते हैं और सभी को उनकी योग्यतानुसार कुछ-न-कुछ दायित्व सौंपकर उसे समुचित महत्त्व देते हैं तथा सभी बचे हुए कार्य अपने ऊपर ओढ़ लेते हैं। मैंने कभी उन्हें किसी की शिकायत, आलोचना, बुराई या निंदा करते नहीं देखा-सुना। क्रोध और अहंकार उनके पास फटकते तक नहीं।

शर्माजी को भारतीय संस्कृति, जीवन मूल्यों, दर्शनशास्त्र आदि का गहन ज्ञान है। उस ज्ञान को सरल शब्दों में बोलकर या लिखकर व्यक्त करने में वे निष्णात हैं। वे जितने प्रभावशाली वक्ता हैं, उतने ही दक्ष लेखक भी हैं। विभिन्न पत्र-पत्रिकाओं में, मैं निरंतर उनके लेख पढ़ता रहता हूँ। हिंदी की उपेक्षा उन्हें असह्य है। वे तुरंत पत्र लिखकर संबंधित अधिकारी, मंत्री को सचेत करते हैं और आवश्यकता होने पर हिंदी की लड़ाई को न्यायालय तक भी ले जाते हैं। अपने अकाट्य तर्कों, ओजस्वी वाणी एवं अटूट निष्ठा से वे हिंदी विरोधियों को भी हिंदीप्रेमी बना लेते हैं।

आदरणीय महेशजी की उत्कट जिजीविषा का आभास मुझे तब हुआ, जब डॉक्टरों ने उन्हें कैंसर होने की आशंका जताई। वे बिना किसी घबराहट, चिंता या परेशानी के सामान्य तरीके से इसके इलाज में लग गए। उनकी दृढ़ इच्छाशक्ति, सात्त्विक जीवनशैली तथा सैकड़ों आत्मीयजनों की शुभकामनाओं का ही परिणाम था कि वे शीघ्र ही इस राक्षस के चंगुल से छूटकर पूरी ताकत से पुनः समाज तथा हिंदी की सेवा में सक्रिय हो गए।

श्री महेश चंद्र शर्माजी दिल्ली हिंदी साहित्य सम्मेलन तथा अन्य संस्थाओं के साथ मिलकर वर्ष में कई समारोह एवं कार्यक्रम, जैसे— हिंदी साहित्यकार सम्मान, हिंदी पत्रकार सम्मान, कवयित्री सम्मेलन, होली मिलन काव्य गोष्ठी, नव संवत्सर काव्य गोष्ठी, हिंदी की बोलियों का कवि सम्मेलन, शरद महोत्सव, पुस्तक लोकार्पण, हिंदी शिक्षक प्रशिक्षण कार्यशाला आदि आयोजित करके निरंतर हिंदी साहित्य एवं भारतीयता का वातावरण बनाए रखते हैं तथा कवियों, कलाकारों, हिंदी सेवियों को प्रेरित, प्रोत्साहित एवं सम्मानित करते रहते हैं। उच्च शिक्षा, न्यायालयों आदि में हिंदी को बढ़ावा देने के लिए नित्य पत्राचार करके दबाव बनाए रखते हैं। हिंदी के प्रति ऐसी निष्ठा एवं निस्स्वार्थ समर्पण आज नितांत दुर्लभ है। वे अपने लिए कोई पुरस्कार, सम्मान या अलंकरण नहीं चाहते। ऐसे में, सरकार को चाहिए कि उन्हें पद्मश्री, पद्मभूषण जैसा कोई अलंकरण प्रदान करके उनके कार्यों की महत्ता को प्रतिष्ठित करे।

यह मेरा परम सौभाग्य है कि ऐसे मनीषी, कर्मयोगी एवं स्नेहिल व्यक्तित्व का वरद हस्त मुझ पर है। वे मुझे अपना छोटा भाई मानते हैं, किंतु मैं आयु में उनसे इतना छोटा हूँ कि मैं उनके पुत्र समान हूँ। मेरी परमपिता परमेश्वर से प्रार्थना है कि शर्माजी स्वस्थ, सक्रिय शतायु जीवन बिताएँ, ताकि हम जैसे अनेक अल्प ज्ञानी उनसे प्रेरणा, प्रोत्साहन एवं मार्गदर्शन प्राप्त करते रहें।

उपाध्यक्ष, दिल्ली हिंदी साहित्य सम्मेलन,
एसोसिएट प्रोफेसर एवं अध्यक्ष, हिंदी विभाग,
श्री राम कॉलेज ऑफ कॉमर्स, दिल्ली विश्वविद्यालय, दिल्ली–7
इ–मेल : drrvshrma@gmail.com
मो. 09811036140

□

अभी और भी सीखना है मुझे महेशजी से

—डॉ. गोविंद व्यास

महेशजी को मैं अपने छात्र जीवन से जानता हूँ। तभी से उनकी सहजता, सरलता और ईमानदारी का मैं कायल रहा हूँ। मैंने उनसे काफी कुछ सीखा भी है। किसी भी व्यक्ति, संस्था और समुदाय के प्रति कैसे निष्ठा से जिया जाए, यह नई पीढ़ी को इनसे जानना चाहिए। वे निष्ठावान अध्यापक रहे और ईमानदार राजनेता। उनके स्वभाव का विशाल भाव उन्हें नई-नई संस्थाओं और प्रतिष्ठानों से जोड़ता रहा है। वे किसी को 'न' कह ही नहीं सकते, 'हाँ' कहने में अपने आपको कितना खपाना पड़ता है, कितना कुछ खोना पड़ता है, यह कभी महेशजी अपनी आत्मकथा लिखेंगे, तभी पता चल पाएगा।

महेशजी एक विशिष्ट राजनीतिक विचारधारा का प्रतिनिधित्व करते हैं, किंतु भाषा और साहित्य का जब प्रश्न आता है तो वे बेहद उदारवादी हो जाते हैं, यानी पार्टी पॉलिटिक्स से बहुत ऊपर। हर पार्टी में उनके मित्र हैं, वे उनसे काम लेना भी जानते हैं और काम करना भी जानते हैं। आज वे दिल्ली हिंदी साहित्य सम्मेलन के पर्याय बन गए हैं। किस तरीके से वे सम्मेलन की नैया को खे रहे हैं, यह मैं या उनके अंतरंग ही समझ सकते हैं। सम्मेलन में सभी विचारधाराओं के लोग सम्मिलित हैं। सभी वर्गों का सम्मेलन में होना महेशजी की दूरदर्शिता का परिचायक है। अपने अग्रजों के प्रति आदर का भाव और अनुजों के प्रति निजतामयी आत्मीयता उन्हें

हर मायने में एक अलग विशिष्ट पहचान देती है।

वे नई पीढ़ी के युवा रचनाकारों की कृतियों को न केवल प्रोत्साहित करते हैं, अपितु उसके लोकार्पण तक की व्यवस्था कराते हैं। कितने ही युवा रचनाकार उनके इस स्नेहिल व्यवहार के प्रति कृतज्ञ हैं, इसकी गणना मुश्किल है। अनेक युवा कवियों, लेखकों और समीक्षकों को उन्होंने राष्ट्रीय स्तर पर पहचान दिलवाई है। उनकी यह निरंतरता उन्हें थकने नहीं देती। मैं तो उनकी सक्रियता के सामने स्वयं को बौना अनुभव करता हूँ। इस उम्र में उनकी चाल की तेजी और मस्तिष्क की सक्रियता का जो अद्‌भुत मेल है, वह किसी को भी हैरान कर सकता है।

81 वर्ष की आयु का यह युवा भाषा व साहित्य के साथ-साथ भारतीय मूल्यों एवं संस्कारों के प्रति अद्‌भुत रूप से समर्पित है। यह नौजवान अंत तक गतिशील रहे, प्रभु से मेरी यही कामना है। मैं व्यक्तिगत रूप से इनका प्रशंसक भी हूँ और ऋणी भी, क्योंकि वे मुझे सदैव उत्साहित और प्रेरित करते रहते हैं। मैंने कभी उनके चेहरे पर मुरझाहट नहीं देखी। कभी उन्हें तनाव से ग्रसित नहीं देखा। हमेशा मुसकराते, खिलखिलाते महेशजी अपने अभीष्ट की ओर अग्रसर ही प्रतीत होते हैं।

न कोई गुस्सा, न किसी के प्रति कड़वाहट। जितना किसी का बन सके, उतना करने की निश्छल भावना उनके व्यक्तित्व का एक अद्‌भुत लक्षण है। वे सबको साथ लेकर चलते हैं, सबसे मिलकर चलते हैं। औरों की वे मानते भी हैं और उन्हें अपनी बात औरों से मनवानी भी आती है। मुझे तो उनसे अभी बहुत कुछ सीखना है, इसी स्वार्थ के कारण भी मैं उनके शतायु होने की कामना करता हूँ।

मंत्री, हिंदी भवन

बी-52, गुलमोहर पार्क, नई दिल्ली

मो. : 9810153728

□

हिंदीसेवी एवं गौ-भक्त श्री महेश चंद्र शर्मा

—विद्या वाचस्पति आचार्य सोहनलाल रामरंग

यदि ध्येय के प्रति निष्काम रूपेण विशुद्ध निष्ठा हो, सात्त्विक समर्पण भाव हो, व्यवहार में सौम्यता हो तो परस्पर विरोधी होनेवाले भाव भी एक-दूसरे के पूरक बन जाते हैं। ऐसे कृतित्व के संस्कार जिस व्यक्तित्व में हों, उसे 'महापुरुष' के अतिरिक्त अन्य कोई और संज्ञा दी ही नहीं जा सकती। कहना सही होगा कि ये सभी लक्षण महेश चंद्र शर्मा में प्रथम दृष्ट्या दृष्टिगोचर होते हैं।

मात्र 20 वर्ष की आयु में साधारण ग्राम की चौपाल से कबड्डी खेलते हुए निकलकर सुदूर के महाक्षेत्र से शिक्षा प्राप्त कर दिल्ली जैसे महानगर शिक्षा क्षेत्र में स्थापित होना और साथ ही हिंदी रक्षण के लिए एक सत्याग्रही के रूप में जेल जाना, इस पर कौन सहज विश्वास करेगा ? संपादक के रूप में किसी पत्रिका का संपादन करना, लोकतंत्र के दमन चक्र में लोकतंत्र के प्रहरी के रूप में 20 माह जेल की भीषण यातनाएँ सहकर लौटना, क्षेत्र के निवासियों के प्रबल आग्रह पर चुनाव लड़कर विजयी होना और निगम पार्षद बनना और अंततः कार्य करते हुए महापौर पद की प्रतिष्ठा प्राप्त करना, लालकिले के सामने चौराहे पर गोस्वामी तुलसीदास की कांस्य प्रतिमा स्थापित कराने का कार्य किया। समाज के

धर्मनिष्ठ लोगों के सहयोग से गौशालाएँ जैसे-तैसे चल रही थीं, उन्हें स्वावलंबी बनाने के लिए शर्माजी ने उच्च न्यायालय में याचिका डाली और सरकार से अनुदान की लिए माँग की। मान्य उच्च न्यायालय ने दिल्ली सरकार और नगर निगम को प्रति गाय 40 रु. देने का आदेश दिया, जिससे गौशालाएँ स्वावलंबी बनीं।

पं. गोपाल प्रसाद व्यास के बाद सम्मेलन की स्थिति बड़ी दयनीय होती जा रही थी। जब से महेशजी का प्रवेश हुआ है तो अनेक कार्यक्रम निरंतर हो रहे हैं। नई-नई शाखाएँ भी खुल गई हैं और उसमें समर्पित लोग जुड़कर उच्च स्तर तक ले जा रहे हैं।

मेरी परमेश्वर से यही प्रार्थना है कि मान्य शर्माजी को स्वास्थ्य प्रदान करे, दीर्घजीवी हों।

1167, मो. इमली बाजार सीताराम
दिल्ली-6

□

सक्रिय और परिणामकारी जीवन

—श्री आलोक कुमार

श्री महेश चंद्र शर्मा एक ऐसे व्यक्तित्व हैं, जिन्होंने अपने अभी तक के जीवन के प्रत्येक क्षण को समाज के लिए समर्पित किया। वह एक बहुआयामी व्यक्ति हैं और अनेक क्षेत्रों, जैसे हिंदी, गौ-संवर्धन और स्वच्छ राजनीति के लिए काम करते हैं।

महेशजी का हिंदी से प्रेम सभी को ज्ञात है। उन्होंने हिंदी को लोकप्रिय और सरकारी काम-काज में प्रयोग में लाने के लिए हर संभव प्रयास व आंदोलन किए। दुर्भाग्य से समाज में अंग्रेजी को उच्च वर्गों की और हिंदी को आम आदमी की भाषा माना जाने लगा है। न्यायालयों में व बाकी जगह पर महेशजी का प्रयास अवश्य हिंदी को उसके उचित सिंहासन तक ले जाएगा।

महेशजी गौ-रक्षा के आंदोलन में भी शुरू से सक्रिय रहे, अपना महत्त्वपूर्ण योगदान दिया व निरंतर दे रहे हैं। उन्हें विश्व हिंदू परिषद् के अंतरराष्ट्रीय अध्यक्ष श्री अशोकजी सिंघल ने स्वयं दिल्ली की गौशालाओं का काम दिया। महेशजी का हमेशा से कहना है कि गौ-हत्या रुकने मात्र से गौ-रक्षा नहीं होगी, अपितु आवारा गायों की सेवा व उनका पोषण करना भी उतना ही अनिवार्य है। महेशजी दिल्ली भाजपा के शीर्ष नेता हैं। वह दिल्ली के प्रथम नागरिक यानी महापौर भी रहे। इतने लंबे राजनीतिक जीवन में एक भी किसी प्रकार का आरोप न लगना व सभी से समान

स्नेह व संबंध बनाए रखना एक बड़ी बात है। चाहे पक्ष या विपक्ष या किसी भी राजनीति दल के साथी हों, वे सभी आदर व सम्मान करते हैं।

महेशजी के जीवन व उनके द्वारा किए गए कार्यों पर एक पुस्तक आ रही है। मुझे आशा व विश्वास है कि यह पुस्तक आदर्शों और मान्यताओं पर चलने वाले सब लोगों के लिए प्रेरक होगी।

भगवान् से प्रार्थना है कि महेशजी शतायु हों। वेदों की भाषा में वे सक्रिय और अदीन रहते हुए सौ वर्ष तक अपने समाज की सेवा में अपने तय किए हुए मार्ग पर इसी गति से चलते रहें। मेरा विनम्र प्रणाम।

एडवोकेट
प्रांत सहसंघ चालक, राष्ट्रीय स्वयंसेवक संघ
कार्यकारी अध्यक्ष, विश्व हिंदू परिषद्

□

बहुमुखी प्रतिभा के धनी : श्री महेश चंद्र शर्मा

—श्री दीनानाथ बत्रा

पेशे से शिक्षक, गौ–भक्त, आदर्श राजनेता और दिल्ली के पूर्व महापौर श्री महेश चंद्र शर्मा, 'शिक्षा बचाओ आंदोलन' तथा 'शिक्षा संस्कृति उत्थान न्यास' के निष्ठावान और कर्मठ कार्यकर्ता हैं। 'शिक्षा संस्कृति उत्थान न्यास' की राष्ट्रीय बैठकों तथा राज्य स्तरीय गोष्ठियों में आप बढ़–चढ़कर भाग लेते रहे हैं।

आपने शिक्षा, समाजसेवा तथा साहित्य के क्षेत्र में कठिन परिश्रम एवं समर्पण की भावना के साथ जो उत्कृष्ट एवं उपलब्धिपरक कार्य किया है, वह सराहनीय और अनुकरणीय है। आपके द्वारा किए गए कार्यों से समाज में शिक्षा का गौरव एवं सम्मान बढ़ा है तथा उसे और अधिक प्रतिष्ठा मिली है।

दिल्ली नगर निगम के महापौर तथा गौशाला, हरेवली, दिल्ली के प्रबंधक के रूप में आपकी सेवाएँ सदैव स्मरणीय रहेंगी तथा राष्ट्रभाषा हिंदी और गौमाता को समाज और सरकार में यथोचित प्रतिष्ठा दिलाने के लिए आप सदैव संघर्षरत रहे हैं और आज भी हिंदी और भारतीय भाषाओं के विकास व संवर्धन के लिए दिन–रात लगे हुए हैं।

'दिल्ली हिंदी साहित्य सम्मेलन' के अध्यक्ष के रूप में निरंतर

सक्रिय रहकर आपने अपनी प्रतिभा एवं कर्मशीलता, प्रेरक व अनुकरणीय कृतित्व से समाज को गौरवान्वित किया है। आपके व्यक्तित्व से युवाओं और वरिष्ठजनों को समाज व देशहित में कार्य करने की प्रेरणा मिलती है। आपने शिक्षा व संस्कृति, गौ-सेवा, राष्ट्रभाषा हिंदी के निरंतर विस्तार एवं जन-जागरण आंदोलनों में उल्लेखनीय योगदान दिया है। आपकी शैक्षिक-साधना एवं चिंतन-यात्रा सानंद चलती रहे, ऐसी मेरी कामना है।

हम परमपिता परमात्मा से आपके उज्ज्वल भविष्य की प्रार्थना करते हैं। आप भविष्य में समाज के दैदीप्यमान नक्षत्र बनकर चमकें, ऐसी हम आशा करते हैं।

अध्यक्ष, शिक्षा संस्कृति उत्थान न्यास
सरस्वती बाल मंदिर, नारायणा, नई दिल्ली–110028

□

हिंदी के पुरोधा : श्री महेश चंद्र शर्मा

—गजेंद्र सोलंकी

कहावत है कि किसी व्यक्ति के अंदर जो चैतन्यता अर्थात् अंत: शक्ति की स्फूर्ति होती है, वह किसी-न-किसी रूप में बाहर अवश्य आती है। मेरे विचार से यह कहावत हर व्यक्ति के लिए सत्य है। जिस तरह शिशु का अंत: ओज सोने में, रोने में निकलता है और जिस तरह किशोर का चेतनात्मक आत्मबल खेलने में, पढ़ने में निकलता है, उसी तरह शर्माजी का अंत: बल समाजसेवा, हिंदी विकास के हित में विभिन्न क्रिया-कलापों में निकलता है। ये सभी क्रिया-कलाप समाज सेवार्थ होते हैं। मैं तो यही कहूँगा कि इन कार्यों के करने से उन्हें दोनों लोकों में लाभ-ही-लाभ है। इस लोक का लाभ यह है कि उन्हें अपने जीवन के जीने का सुखद व पारमार्थिक उद्‌देश्य मिल गया है तथा दूसरा लाभ यह है कि 'गीता' के शाश्वत सत्य के अनुसार इहलौकिक लीला के बाद प्रभु की प्राप्ति का मार्ग खुलता जा रहा है। आपके अंदर का सेवाभाव तेज प्रवाह वाली सरिता की तरह अजस्र चलता रहता है। यह सेवा का कार्य चाहे घर से अनेक किलोमीटर दूर दिल्ली की अत्यंत व्यस्तता वाली सड़कों को पार करके आयोजनों में जाने का हो या अपने कार्यालय में बैठकर हो अथवा रात को अपने शयन कक्ष के एकांत की नीरवता में लेखन का हो। उनकी दैहिक क्रिया इसी तरह पूरी होती रहती है।

वे प्राय: रोजाना भाग-दौड़ के कार्य करने के बाद रात्रि को विश्राम

के क्षणों में लेखन कार्य करते हैं। शर्माजी के लेखन का पहला प्रमाण आपातकाल के दौरान लोकतंत्र की बहाली के लिए अपने जेल प्रवास के समय में 'हमारे महापुरुष' नामक पुस्तक से मिलता है। उसके बाद से वे प्राय: किसी-न-किसी विषय पर लोकोपयोगी व सारगर्भित लेख लिखते रहते हैं। उनके लेखन के विषयों में कुछ विषय ऐसे हैं, जो सर्वसामान्य व्यक्ति के जीवन से संबंध रखते हैं। कुछ लेख, जिनके बारे में या उस विषय से संबंधित बातें महापुरुषों पर अवश्य लिखते हैं। उनके लिखे हुए विषय या लेखन के संभावित विषयों में कतिपय विषय हैं—हिंदी भाषा या संबंधित साहित्य, हिंदी के प्रचार-प्रसार का विषय, नैतिक शिक्षा, अन्य जीवनोपयोगी विषय, शिक्षक का दायित्व, वर्तमान शिक्षा, लोगों की अपनी संस्कृति से विमुखता के कारण व निवारण, पर्यावरण प्रदूषण से बचाव, गाय का महत्त्व तथा गाय के द्वारा उत्सर्ग किए जानेवाले पदार्थों का प्रयोग व लाभ आदि। इनके अतिरिक्त भी अनेक विषयों पर केंद्रित विभिन्न लेख उनकी लेखनी से लिखे जाते रहते हैं। आपकी दो लघु पुस्तकें 'स्वामी विवेकानंद' तथा 'गोस्वामी तुलसीदास' भी प्रकाशित हो चुकी हैं।

देश के अनेक पत्र-पत्रिकाओं में आपके लेख हर मास प्रकाशित होते रहते हैं। जिन पत्रिकाओं में आपके लेख प्रमुखता से छपते हैं, उनमें दिल्ली से प्रकाशित मासिक पत्र—'दिव्य वैदिक संदेश पत्र', 'आलोक पर्व', 'रिमझिम', 'इंडिया गेप्स टुडे', 'शिक्षक प्रभा', 'पंजाब केसरी', 'मेरी दिल्ली', 'ब्रह्म सुधा' आदि प्रमुख हैं।

मैं आशा करता हूँ कि मुझे उनका संरक्षण सदैव मिलता रहे।

कवि एवं साहित्यकार
97ए, यू.वी. शालीमार बाग, नई दिल्ली

□

मालवीयजी के अनुयायी हिंदी, हिंदू हिंदुस्तान के पोषक : श्री महेश चंद्र शर्मा

—श्री महेश दत्त शर्मा

अखिल भारतवर्षीय ब्राह्मण महासभा के कार्यकारी अध्यक्ष श्री महेश चंद्र शर्मा धर्म और जाति के उत्थान में सदैव लगे रहते हैं। विप्र समाज का कहीं भी कोई कार्यक्रम हो, वे उपस्थित होते हैं। बच्चों में नैतिकता, शिक्षा, संस्कार, शिष्टाचार एवं राष्ट्रभाषा के प्रति प्रेम की भावना जाग्रत् करने हेतु छात्रों और शिक्षकों की विभिन्न प्रतियोगिताओं का आयोजन करनेवाले श्री शर्माजी के बारे में ऐसा लगता है मानो उनका जन्म केवल और केवल लोक-सेवा के लिए ही हुआ है। हिंदी भाषा के उत्थान, विकास के लिए वे अपने संपूर्ण मनोयोग व आत्मबल से सहयोगार्थ अविलंब लग जाते हैं। उन्हें इस कार्य के लिए मजबूत दुर्ग के रूप में मालवीयजी द्वारा स्थापित दिल्ली हिंदी साहित्य सम्मेलन जैसी संस्था तथा उनके कर्मठ सहयोगी भी मिले हुए हैं। इसीलिए वे प्रतिवर्ष हिंदी के प्रचार-प्रसार हेतु दिल्ली के विभिन्न विद्यालयों में निबंध भाषण, लेखन, कविता-पाठ की प्रतियोगिताएँ कराते रहते हैं। विभिन्न कलाओं के प्रोत्साहनार्थ वे सदैव प्रयासरत रहते हैं। प्राय: चित्रकला प्रतियोगिता का आयोजन छात्रों एवं युवाओं में इसके प्रति रुचि उत्पन्न करने हेतु कराते रहते हैं।

उनके लिए केवल बच्चे ही नहीं अपितु युवा वर्ग भी उतना ही

पूर्व प्रधानमंत्री श्री अटल बिहारी वाजपेयी के साथ महेशजी।

श्री वाजपेयी के साथ महेशजी एवं श्री सुरेंद्रपाल रातावाल।

'चौपाल' के कार्यक्रम में पूर्व उप-प्रधानमंत्री श्री लालकृष्ण आडवाणी के साथ श्री नंद किशोर गर्ग एवं महेशजी।

माननीय सरसंघचालक सुदर्शनजी के साथ महेशजी।

महेशजी को सम्मानित करते भा.ज.पा. के राष्ट्रीय अध्यक्ष श्री अमित शाह; साथ हैं श्री सतीश उपाध्याय।

श्री नितिन गडकरी से विचार-विमर्श करते हुए महेशजी।

विदेश मंत्री श्रीमती सुषमा स्वराज एक कवि-सम्मेलन में बोलते हुए; महेशजी बैठे हैं।

गृहमंत्री श्री राजनाथ सिंह एवं महेशजी, श्री विजेंद्र गुप्ता को सम्मानित करते हुए।

गांधी मेला में श्री लालकृष्ण आडवाणीजी के साथ महेशजी और श्री राजेश गहलौत।

परिजनों के साथ महेशजी।

गणतंत्र दिवस की संध्या पर राष्ट्रपति श्री नीलम संजीव रेड्डी व
उप-प्रधानमंत्री श्री जगजीवन राम के साथ महेशजी।

प्रो. विजय कुमार मलहोत्रा, न्यायमूर्ति श्री सिरपुरका द्वारा गोवा की राज्यपाल श्रीमती मृदुला सिन्हा
को सम्मानित करते हुए श्री गोविंद व्यास, श्री सुरेश खंडेलवाल एवं महेशजी।

आपातकाल दिवस 25 जून को आपालकाल बंदी स्मरण समिति के कार्यक्रम में श्री अमित शाह, श्री रामलाल, श्री विजय कुमार मलहोत्रा, श्री श्याम जाजू के साथ महेशजी ।

संपादक आचार्य अनमोल की पुस्तक का विमोचन करते हुए सुप्रसिद्ध कवि श्री बाल स्वरूप राही, श्रीमती इंदिरा मोहन व महेशजी।

भाषा के संवर्धन हेतु एक गोष्ठी में श्री त्रिलोकीनाथ चतुर्वेदी, श्री आलोक कुमार, श्रीमती इंदिरा मोहन, श्री राहुल देव व महेशजी।

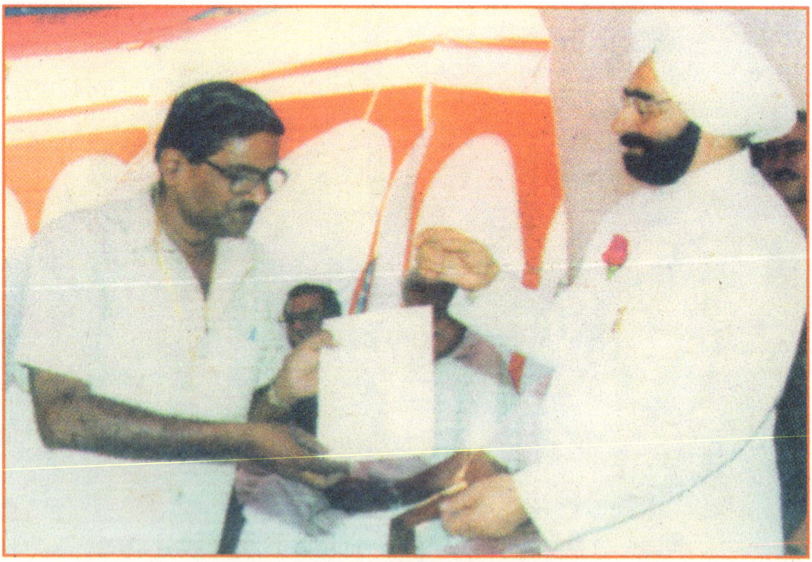

पूर्व राष्ट्रपति श्री ज्ञानी जैल सिंह महेशजी को श्रेष्ठ शिक्षक का सम्मान देते हुए।

31 मार्च, 1997 को वरिष्ठ शिक्षक महेशजी को सेवानिवृत्ति के अवसर पर तत्कालीन शिक्षा मंत्री डॉ. हर्ष वर्धन पुष्पगुच्छ भेंट करने जाते हुए; साथ हैं प्रधानाचार्य श्री तेवतिया व श्री राजाराम शर्मा।

पूर्व मुख्य कार्यकारी पार्षद प्रो. विजय कुमार मलहोत्रा का स्वागत करते हुए महेशजी।

सुप्रसिद्ध लेखिका श्रीमती मेहेंदले की पुस्तक का विमोचन करते हुए तत्कालीन लोकसभा अध्यक्ष श्री मनोहर जोशी व वर्तमान में उत्तर प्रदेश के राज्यपाल श्री राम नायक के साथ महेशजी।

एक स्वागत समारोह में प्रो. विजय कुमार मलहोत्रा, अनीता आर्य, सुभाष आर्य के साथ महेशजी।

गुजरात के राज्यपाल माननीय प्रो. ओम प्रकाश कोहलीजी के साथ महेशजी।

एक सभा में महेशजी भाषण देते हुए; पास बैठी हैं राजमाता विजयाराजे सिंधिया
एवं हरियाणा के अन्य नेता।

एक समारोह में पूर्व राज्यपाल स्व. श्री केदारनाथ साहनी के साथ दीप प्रज्वलन करते हुए महेशजी।

भा.ज.पा. के एक कार्यक्रम में तत्कालीन राष्ट्रीय अध्यक्ष श्री नितिन गडकरी
का स्वागत करते हुए महेशजी; साथ हैं श्री महेंद्र पांडेय व श्री विजेंद्र गुप्ता।

पौत्र श्री प्रतीक शर्मा एवं आयु. निशा के शुभ विवाह में आशीर्वाद देते
हुए पूर्व उप-प्रधानमंत्री लालकृष्ण आडवाणी के साथ महेशजी।

दिल्ली पब्लिक लाइब्रेरी बोर्ड के साहित्यिक पुरस्कार वितरण में दीप
प्रज्वलित करते केंद्रीय मंत्री डॉ. महेश शर्मा एवं महेशजी।

वरिष्ठ नागरिक केसरी क्लब की अध्यक्ष श्रीमती किरण चोपड़ा व अन्यों के साथ श्री ओ.डी. चंदरिया की पुस्तक 'कल्पान्त' का लोकार्पण करते महेशजी।

दिल्ली के प्रधान सचिव एवं रजिस्ट्रार से सहकारिता का श्रेष्ठतम पुरस्कार प्राप्त करते हुए महेशजी।

दिल्ली साहित्य सम्मेलन के राष्ट्रीय कवि सम्मेलन के अवसर पर राज्यपाल श्री जगदीश मुखी, गृहमंत्री श्री राजनाथ सिंह, स्व. केदारनाथ साहनीजी, श्री श्यामलाल गर्ग के साथ महेशजी ।

गोपाल गोसदन हरेवली के गौ अस्पताल के शिलान्यास अवसर पर गणयमान्य विभूतियों के साथ महेशजी ।

महेशजी के पूज्य पिताजी स्व. राम चंद शर्मा एवं पूज्य माताजी श्रीमती ज्ञानवती शर्मा।

महेशजी अपनी धर्मपत्नी स्व. कैलाशवती के साथ।

महत्त्वपूर्ण स्थान रखता है। इसलिए वे अध्यापकों को काव्य के प्रति प्रेरित करने के लिए और उनकी काव्य-प्रतिभा के प्रोत्साहन करने हेतु तथा उसको जाँचने के लिए 'अध्यापकों द्वारा काव्य-प्रतियोगिता', 'भाषण प्रतियोगिता' भी अपनी संस्था के बैनर तले आयोजित कराके उन्हें पुरस्कृत करते रहते हैं। हिंदी भाषा के निमित्त क्या-क्या कार्यक्रम हो सकते हैं, इस बात का भावी खयाल उनके दिमाग में सदा ही रहता है। यदि किसी परिचित, मित्र या हिंदी प्रेमी का कोई अच्छा सुझाव आता है तो वे उस पर भी पूरा गौर करते हैं। दिल्ली हिंदी साहित्य सम्मेलन के नाम पर किस रूप में क्या-क्या कार्यक्रम हो सकते हैं, इस जिज्ञासा को शांत करने के लिए उन्होंने एक बार कार्यकारिणी की बैठक बुलाई। बैठक में सर्वसम्मति से पारित हुआ कि हिंदी भवन के सभागार में दिल्ली के स्कूलों के उन अध्यापकों को सम्मानित किया जाए, जिनका सीनियर सेकेंडरी परीक्षा में परिणाम शत-प्रतिशत रहा हो। प्रस्ताव ध्वनिमत से पास हुआ। बस, फिर क्या था? शर्माजी के जीवन का ध्येय सूत्र-'रामकाज कीन्हे बिनु···' चालू हो गया और लग गए अपने उद्देश्य की पूर्ति पर। कभी सूचना छपवाते, कभी विभिन्न विद्यालयों में सूचना भिजवाते, कभी अध्यापकों को दिए जानेवाले प्रतीक चिह्नों की तैयारी करवाते तो कभी हिंदी भवन में व्यवस्था हेतु बात करते। आयोजन को सफल बनाने के लिए अतिथियों से, सहयोगियों से निरंतर संपर्क में रहते। आयोजन में सम्मिलित होने के लिए आशातिरेक अध्यापकों ने अपना आवेदन किया। अंततोगत्वा आयोजन अत्यंत सफलता के साथ संपन्न हुआ। इस आयोजन ने हिंदी अध्यापकों के मनोबल को बढ़ाया। अनेक अध्यापक इस पुरस्कार को प्राप्त करके उसका यशोगान मुक्तकंठ से करते हुए मिल जाते हैं। शिक्षकों के शिक्षण कौशल को निखारने के लिए हिंदी कार्यशालाओं का आयोजन भी करवाते हैं।

इस संस्था के माध्यम से हिंदी कवियों को सदा प्रेरणा मिली है। वर्तमान में भी मासिक हिंदी काव्य-गोष्ठी, हिंदी चर्चा-गोष्ठी, विभिन्न अवसरों

पर आयोजित होनेवाली गोष्ठियाँ, जैसे—शरद् काव्य गोष्ठी, वसंतोत्सव काव्य गोष्ठी, होलिकोत्सव काव्य-गोष्ठी आदि का आयोजन शर्माजी की अध्यक्षता में अथवा उनके सान्निध्य में सम्मेलन-परिसर रामकृष्ण आश्रम मार्ग पर होता रहता है। सम्मेलन से संबद्ध होकर दिल्ली में अनेक जगह काव्य-गोष्ठियाँ होती रहती हैं। प्रमुख रूप से शाहदरा और भारत विकास परिषद्, किशनगंज में सम्मेलन के बैनर तले गोष्ठियों के आयोजन होते रहते हैं। यही उत्सव बड़े स्तर पर हिंदी भवन में होते हैं। सम्मेलन के अनेक कार्यक्रम प्रतिवर्ष हिंदी भवन के संगोष्ठी कक्ष या सभागार में होते हैं। उनमें प्रमुख हैं—कवयित्री सम्मेलन, पत्रकार सम्मान समारोह, साहित्यश्री सम्मेलन, होलिकोत्सव, गोस्वामी तुलसीदास जयंती, मदन मोहन मालवीय जयंती, वसंतोत्सव और हिंदी दिवस के अवसर पर मनाए जानेवाला उत्सव। इन कार्यक्रमों से जहाँ हिंदी भाषा समृद्ध होती है वहीं प्रतिभागी लोगों को, कवि-कवयित्रियों को, पत्रकारों को या छात्रों को हिंदी के नाम पर सम्मान भी मिलता है, जिससे उनमें हिंदी भाषा के प्रति अधिक चेतना जाग्रत् होती है। इन सब गतिविधियों का श्रेय श्री महेश चंद्र शर्मा को जाता है।

काव्य अथवा हिंदी साहित्य क्षेत्र में पूर्व प्रतिष्ठापित कवियों के सम्मानार्थ उनकी पुस्तकों का विमोचन बड़े स्तर पर करवाने की व्यवस्था एक वर्ष में 10-15 बार अवश्य करते हैं। नवोदित कवियों या कवयित्रियों के सबल संबल बनकर पुस्तक प्रकाशन में सहयोग देना और तदनुकूल पुस्तक का लोकार्पण करवाना शर्माजी की हिंदी सेवाओं में सम्मिलित है।

धन्य श्री महेश चंद्र शर्माजी, जो हिंदी-साहित्यश्री की वृद्धि के लिए अनवरत लगे हुए हैं। मैं उन्हें अपना अनुज होने के नाते प्यार देता हूँ तथा उनके स्वस्थ व दीर्घायु जीवन की प्रभु से कामना करता हूँ।

राष्ट्रीय अध्यक्ष
अखिल भारतवर्षीय ब्राह्मण महासभा
7, अता उर रहमान लेन, सिविल लाइंस, दिल्ली-110054

□

मेरे मार्गदर्शक निष्काम कर्मयोगी : महेशजी

—डॉ. विनोद बब्बर

आदरणीय महेश चंद्र शर्माजी से मेरा परिचय बहुत पुराना है। मेरे हृदय में श्रद्धेय महेशजी की शिक्षक, हिंदीसेवी विद्वान्, कवि, गौसेवक, लोकसेवक से लोकशिक्षक तक अनेक छवियाँ हैं, लेकिन मैं उनके किस रूप से सर्वाधिक प्रभावित हुआ, यह कहना मुश्किल जान पड़ता है। क्योंकि उनके विराट् स्वरूप से अनेक प्रतिभाएँ प्रेरणा पाती हैं। एक व्यक्ति के रूप में उन्होंने जिस तरह से अनुशासन और कर्तव्य पथ पर समर्पण भाव से उदाहरण प्रस्तुत किया है, उसकी दूसरी मिसाल कम-से-कम मेरे जीवन में नहीं मिलती। दिल्ली के प्रथम नागरिक रह चुके महेशजी आज भी किसी छोटे से निवेदन पर बहुत विस्तृत और भीड़-भाड़ वाली दिल्ली के किसी भी कोने में समय पर पहुँच जाते हैं तो विश्वास करना कठिन होता है कि आप 81 वर्ष के हैं या 18 के? यह कैसा प्रथम नागरिक है, जो अंतिम नागरिक से संवाद करते हुए भी नहीं हिचकता?

बहुत कम लोग जानते हैं कि कुछ वर्ष पूर्व मीडिया में दिल्ली में होनेवाले राष्ट्रमंडल खेलों को तैयारियों से घोटाले छाए हुए थे।

ठीक उसी समय एक व्यक्तित्व ऐसा भी था, जो इस आयोजन के दौरान भारतीय संस्कृति की छवि को लेकर बहुत चिंतित था। श्रद्धेय महेश चंद्र शर्माजी ने तत्कालीन राष्ट्रपतिजी को पत्र लिखकर भारतीय संस्कृति और सांस्कृतिक धरोहरों की उपेक्षा की ओर ध्यान आकृष्ट किया था। उन्हें इस बात से कष्ट था कि राष्ट्रमंडल खेल सचिवालय के सभी परिपत्र, आदेश, प्रेस वक्तव्य केवल अंग्रेजी भाषा में ही होने से विश्व के कोने से आनेवाले खिलाड़ियों में संदेश जाएगा कि भारत की कोई अपनी भाषा नहीं है। गौसेवक महेशजी गाय को माँ मानकर उसकी पूजा करनेवाले देश में गौमांस परोसने पर सरकार को कटघरे में खड़ा करते हैं। आज जहाँ हर जगह बिना किए प्रचार का प्रचलन है, यह मौन साधक चुपचाप अपना काम करने में विश्वास करता है।

महेशजी मेरे और हमारी संस्था 'राष्ट्र-किंकर' के आदर्श हैं। जब-जब कड़ी मेहनत के बावजूद असफलता मिलने से मन में निराशा और अवसाद की स्थिति होती है, मैं स्वयं को कुरुक्षेत्र के मैदान में खड़े अर्जुन की तरह 'किंकर्तव्यविमूढ़' पाता हूँ। तब श्रद्धेय महेशजी की व्यस्त दिनचर्या, निष्काम कर्मयोग 'गीता' के श्रीकृष्ण की तरह हमें प्रोत्साहित करता है। यह औपचारिक शब्द नहीं, बल्कि वास्तविकता है कि मेरे जैसे असंख्य लोगों के प्रेरणास्रोत हैं शर्माजी। पिछले दिनों चाँदनी चौक में स्थित दिल्ली पब्लिक लाइब्रेरी के प्रांगण में 'भारत के शहीदों को नमन' विषय पर आधारित पुस्तक एवं चित्र प्रदर्शनी का उद्घाटन करते हुए, जब स्वनामधन्य केंद्रीय मंत्री डॉ. हर्षवर्धन ने दरियागंज के विद्यालय के अपने छात्र जीवन को स्मरण करते हुए कहा, "महेशजी को मैं तब से आज तक लगातार राष्ट्र और राष्ट्रभाषा प्रचार-प्रसार में प्रयासरत देखता हूँ तो मुझे गर्व होता है कि मैं उनका शिष्य रहा हूँ।" तो मुझे कोई आश्चर्य नहीं हुआ, क्योंकि मेरा अनुभव

है कि महेशजी ऐसे गुरु चाणक्य हैं, जिसके चंद्रगुप्त जैसे अनेक शिष्य भारत की तसवीर और तकदीर बदलने की योग्यता और क्षमता रखते हैं।

दिल्ली की सबसे पुरानी हिंदीसेवी संस्था 'दिल्ली हिंदी साहित्य सम्मेलन' सहित अनेक संस्थाओं के माध्यम से लगातार भारतीय भाषाओं विशेष रूप से हिंदी की अलख जगाने वाले इस संत ने दिल्ली के महापौर के रूप में पुरानी दिल्ली स्टेशन की ओर जानेवाले कौडिया पुल चौराहे पर भारतीय संस्कृति के प्रेरक गोस्वामी तुलसीदासजी की प्रतिमा स्थापित करवाई। आज भी वे लगातार तुलसी जयंती व अन्य अवसरों पर भारतीयता के उत्प्रेरक व्यक्तित्वों को श्रद्धापूर्वक स्मरण करते हैं। महामना मदन मोहन मालवीयजी और स्वामी विवेकानंदजी के जन्मदिवस पर छात्रों में विभिन्न प्रतियोगिताओं का आयोजन कर उनमें भारतीय संस्कृति रोपित करनेवाले महेश शर्माजी के जीवन और लोक व्यवहार से प्रेरणा ग्रहण करने की आवश्यकता हम सबको है।

परम ज्ञानी लेकिन निराभिमानी महेशजी छोटे-से-छोटे व्यक्ति को सम्मान देते हैं। अपनी सीट भी दूसरों को देकर खड़े रहकर कार्यक्रम को सफल बनाने वाला चरित्र उन्हें असाधारण बनाता है, लेकिन वे इसे बहुत सहजता से लेते हुए जीते हैं। सभी को साथ चलने की क्षमता वाले इस ओजस्वी वक्ता, कुशल संगठकर्ता, लेखक, कवि, जनसेवक की सादगी और सरलता निजी स्कूलों में हिंदी के बदले विदेशी भाषाएँ लागू करने पर आक्रोश में बदल जाती है। वे केंद्रीय माध्यमिक शिक्षा बोर्ड से न्यायालय के द्वार तक खटखटाते हैं, परंतु हार नहीं मानते। यह उनके पुरुषार्थ का ही प्रतिफल है कि अगले शिक्षा सत्र में पाठ्यक्रम में बदलाव की बात स्वीकार कर ली गई है।

कहने को बहुत कुछ है, क्योंकि मैं उन सौभाग्यशाली लोगों में से हूँ, जिसे अनेक दशकों से आदरणीय महेश चंद्र शर्माजी का स्नेह

प्राप्त होता रहा है। मेरी परमपिता के श्रीचरणों में विनती है कि मुझे शतायु होने पर महेशजी का आशीर्वाद प्राप्त हो। वे तब तक स्वस्थ, सक्रिय रहते हुए माँ भारती का गौरव बढ़ाते हुए हमें भी लगातार प्रशिक्षण देते रहें।

संपादक, राष्ट्र-किंकर
ए-2/0ए, हस्तसाल रोड, उत्तम नगर, नई दिल्ली-110059
संपर्क : 9868211911, 7982170421
इ-मेल : rashtrakinkar@gmail.com,
1vinodbabbar@gmail.com

□

एक में अनेक : श्री महेश चंद्र शर्मा

—डॉ. हरिसिंह पाल

यों तो प्रत्येक व्यक्ति अपने जीवन में अनेकानेक विभूतियों के निकट संपर्क में रहकर, उनसे प्रेरणा प्राप्त कर अपना मार्ग प्रशस्त करता है, मुझे भी अपने सरकारी सेवाकाल में अनेक प्रतिष्ठित विद्वानों, मनीषियों और समाज-सेवियों का सान्निध्य प्राप्त हुआ। इनमें से कुछ ही महानुभावों से आत्मीयतापूर्ण व्यवहार रहा। इन्हीं आत्मीय परिजनों में श्री महेश चंद्र शर्मा का नाम प्रमुख है। अब यह तो स्मृति में सुनिश्चित नहीं है कि शर्माजी से कब और कहाँ मित्रता स्थापित हुई, किंतु इतना निश्चित है कि किसी-न-किसी साहित्यिक आयोजन में ही यह सुखद भेंट हुई होगी और हमारे संबंध निकट से निकटतम होते गए। शर्माजी की अध्यक्षता में दिल्ली हिंदी साहित्य सम्मेलन द्वारा राजधानी में वर्ष भर में अनेकानेक कार्यक्रम और समारोह आयोजित होते रहते हैं। साहित्यिक अभिरुचि के चलते सम्मेलन के प्राय: सभी कार्यक्रमों में मेरी प्रतिभागिता रहती ही है। यह संपर्क कब प्रगाढ़ता में बदला और घनिष्ठता निकट से निकटतर होती गई, मालूम नहीं पड़ा। इसी प्रगाढ़ता के चलते दिल्ली हिंदी साहित्य सम्मेलन का मंत्री भी मुझे आपने बना दिया। बस, सूचित ही किया था कि आपको हम सम्मेलन का मंत्री बना रहे हैं। मेरी भला क्या आपत्ति हो सकती थी, वह भी शर्माजी से ?

'मनसा वाचा कर्मणा' श्री महेश चंद्र शर्मा समाजसेवा के लिए ही समर्पित हैं। पता नहीं पारिवारिक उत्तरदायित्वों को किस प्रकार निभा लेते

हैं? यह प्रबंधन कला-कौशल तो शर्माजी से ही सीखा जा सकता है। शर्माजी की समाजसेवा के विविध पक्ष हैं। भारतीय जनता पार्टी का चुनाव प्रचार हो या राष्ट्रीय स्वयं सेवक संघ की सक्रिय गतिविधियाँ, भारत विकास परिषद् के कार्यक्रम हों या फिर गौ-सेवा सदन की सेवा या फिर दिल्ली सहकारी समिति और अन्यान्य सामाजिक, सांस्कृतिक, शैक्षिक, धार्मिक तथा हिंदीसेवी संस्थाओं व संगठनों के पदाधिकारी व सक्रिय संरक्षक एवं सदस्य के रूप में शर्माजी के बहुआयामी व्यक्तित्व के सहज ही दर्शन किए जा सकते हैं। एक आदर्श शिक्षक के रूप में अपना जीवन शुरू करनेवाले महेश चंद्र शर्मा ने समाजसेवा के माध्यम से सक्रिय राजनीति में पदार्पण किया और दिल्ली नगर निगम के लिए क्रमशः सराय रोहिल्ला और किशनगंज आनंद पर्वत क्षेत्र से तीन बार लोकप्रिय पार्षद के रूप में निर्वाचित हुए। अपनी कर्मठ समाजसेवा के चलते श्री शर्मा दिल्ली नगर निगम में शिक्षा समिति के अध्यक्ष, सदन के नेता, उपमहापौर और तद्नंतर महापौर के पद पर भी नियुक्त हुए। अपनी कार्य कुशलता और अकथनीय परिश्रम के बल पर सौंपे गए पद भार और दायित्वों की गरिमा में चार चाँद लगाए तथा कीर्तिमान स्थापित किए। एक साथ अनेक दायित्वों का सफलतापूर्वक निर्वहन करना श्री महेश चंद्र शर्मा का एक प्रकार से अलग ही कौशल रहा है, जिसका कोई और सानी नहीं। अपने शुभचिंतकों और स्नेह भाजनों को यथोचित सम्मान और स्नेह देते हुए सक्रिय सहभागिता के लिए जोड़े रखना आपसे ही सीखा और जाना जा सकता है।

राजभाषा हिंदी के प्रचार-प्रसार और संरक्षण-संवर्धन के लिए तन-मन-धन से समर्पित श्री महेश चंद्र शर्मा विगत 52 वर्षों से सक्रिय और प्रतिबद्ध हैं। यह भी एक कीर्तिमान ही है कि एक व्यक्ति ने अपने जीवन का अधिकांश सक्रिय काल राष्ट्र और राजभाषा की समृद्धि के लिए समर्पित कर दिया है। दैनिक समाचार-पत्रों राष्ट्र स्तरीय पत्र-पत्रिकाओं में हिंदी के पक्ष में लेख, टिप्पणी और पत्र नियमित रूप में प्रकाशित होते रहते हैं। साथ ही साहित्य, शिक्षा और भारतीय संस्कृति पर केंद्रित आपके सारगर्भित

लेख विभिन्न पत्र–पत्रिकाओं में नियमित रूप से पाठकों को मिलते रहते हैं। भारतीय संस्कृति के प्रचार–प्रसार और संरक्षण–संवर्धन तथा पुनरुत्थान में मन–प्राण से समर्पित श्री महेश चंद्र शर्मा नई पीढ़ी के लिए सक्षम एवं समर्थ मार्गदर्शक हैं।

हमने और आपने अनेक संस्थाओं के पदाधिकारियों को प्राय: हाथ बाँधे अपने कार्यकर्ताओं को निर्देश देते हुए देखा होगा, किंतु शर्माजी ऐसी दिखावटी समाजसेवा चर्या से सदैव दूर ही रहते हैं। वेशभूषा भी साधारण संभवत: जब आप अध्यापन के क्षेत्र में जैसी वेश–भूषा पहनते रहे होंगे, वैसी ही आज भी पहनते हैं। सामान्य कुरता–पाजामा या कभी–कभार सफारी सूट पहनना ही आपको प्रिय है। आयु के जिस पड़ाव पर श्री महेश चंद्र शर्मा आज हैं, इस आयु में तो अन्य लोग हाँफने ही लगते हैं और हाथ में लाठी भी थाम लेते हैं, किंतु शर्माजी आज भी लिफ्ट के स्थान पर सीढ़ियों से चढ़ने या उतरने में ज्यादा विश्वास रखते हैं। इकहरे बदन के स्वामी शर्माजी अपनी शरीर रक्षा में सदैव सतर्क रहते हैं और अपने साथियों से भी यही चाहते हैं।

श्री शर्माजी अपने मित्रों, साथियों और सहयोगियों को अपने कार्यक्रमों और समारोहों में बराबर उचित प्रतिनिधित्व और महत्त्व देते हैं और उनकी उपस्थिति को प्रशंसा के साथ रेखांकित करना कतई नहीं भूलते। प्रारंभिक संचालन में कार्यक्रम का ऐसा समाँ बाँधते हैं कि प्रतिभागी, श्रोता समारोह में अंत तक बैठे रहने पर बाध्य हो जाते हैं। ये भले ही मंच पर अध्यक्ष के रूप में बैठे हों या मुख्य अतिथि या विशिष्ट रूप में विराजमान रहें, किंतु भारतीय संस्कृति की समृद्धि और राष्ट्रभाषा हिंदी के महत्त्व को अवश्य ही अपने व्यक्तव्य में विवेचित करते हैं। प्रत्येक आगंतुक को समान और समुचित सम्मान देना आपकी मुख्य पहचान है। विषय के अनुरूप अपने व्यक्तित्व को प्रभावी ढंग से, सफलतापूर्वक प्रस्तुत करने में शर्माजी को महारत हासिल है। यह इनकी गहन साधना और नियमित अध्ययन का जीवंत प्रमाण है।

जब से मैंने श्री महेश चंद्र शर्मा को आकाशवाणी के कार्यक्रमों से जोड़ा, तब से आज तक वे आकाशवाणी के लिए अपरिहार्य ही बने हुए हैं। आकाशवाणी के वरिष्ठ नागरिकों के लोकप्रिय कार्यक्रम 'उत्तर कथा' में समर्थ परिचर्चा कारक के रूप में आपकी प्रतिभागिता आज भी आवश्यक मानी जाती है। वरिष्ठ नागरिकों की समाज में विभिन्न भूमिकाओं को रेखांकित करने में आपका कोई मुकाबला नहीं है। मैं भले ही आकाशवाणी दिल्ली से अन्यत्र केंद्रों पर पद स्थापित होता रहा, किंतु श्री शर्माजी की आकाशवाणी कार्यक्रमों में प्रतिभागिता निर्बाध रूप से नियमित बनी रही, जो आपकी वक्तृत्व शैली और ज्ञान संपदा की द्योतक है। विषय के साथ न्याय करना और उसी के अनुरूप प्रतिपाद्य विषय को व्याख्यायित और विवेचित करना आपकी अन्यतम विशेषता है।

साथ ही, अपने मित्रों के पारिवारिक, सामाजिक कार्यक्रमों और समारोहों में यथासंभव अपनी उपस्थिति अवश्य ही दर्ज कराते हैं। भले ही थोड़ी देर के लिए आएँ, लेकिन पहुँचेंगे अवश्य। जब भी मेरे पुस्तक लोकार्पण के कार्यक्रम हुए, तब-तब श्री शर्माजी मुझे शुभकामनाएँ देने अवश्य पधारे। भले ही उनकी भूमिका मंच पर बैठने की नहीं रही हो, श्रोता के रूप में (जिसे हम ताली बजाने का कार्य समझते हैं) उतने ही उत्साह और ऊर्जा के साथ शामिल होते हैं।

मेरे सुपुत्र का विवाह-संस्कार हो या नवजात सुपौत्र का नामकरण संस्कार, मेरे आमंत्रण अनुरोध को स्वीकार कर समारोह में अपनी गरिमामयी उपस्थिति से समारोह की शोभा में चार चाँद लगाए। जब श्री शर्माजी के सुपौत्र का विवाह-संस्कार कापसहेड़ा (दिल्ली का दूरस्थ क्षेत्र) में सुसंपन्न हुआ, उसमें मुझे भी उपस्थित रहने का निर्देश दिया। अन्यत्र व्यस्त होने पर भी मैंने अपने ज्येष्ठ पुत्र तेजेंद्र के साथ समारोह में सम्मिलित होने का सौभाग्य प्राप्त किया। मेरे जैसे न जाने कितने लोग श्री शर्माजी की मित्र मंडली में शामिल हैं। उनके लिए सभी महत्त्वपूर्ण हैं, सभी समान रूप से स्नेह और मित्र भाव के सुपात्र हैं। सभी के सुख-दुःख में आप सम्मिलित

होते हैं। मुझे लगता है कि शर्माजी शायद ही अपने घर में उतना समय दे पाते हों, जितना वे समाजसेवा में देते हैं। शायद मैंने भी यह थोड़ा-बहुत गुण श्री शर्माजी से ही सीखा है और उधार लिया है।

मुझे शर्माजी जब भी किसी कार्यक्रम में मिलते हैं तो टोक देते हैं—"पाल साहब, अब आपको ही मेरा कार्य सँभालना है।" मैं न तो इतना सक्षम हूँ और न कार्यकुशल कि श्री शर्माजी की इस समृद्ध, विस्तृत और व्यापक समाजसेवा वाली विरासत को सँभाल सकूँ। फिर भी वे मुझे इतना स्नेह और सम्मान देते हैं, यह उनका बड़प्पन ही है। मैं तो शर्माजी की इस विशाल विरासत का एक अंश बनकर ही आनंदित हूँ और इस पर मुझे गर्व भी है। ईश्वर से प्रार्थना है कि श्री शर्माजी शतायु रहकर हम सभी को समाजसेवा के लिए प्रेरित और मार्गदर्शित करते रहें, क्योंकि शर्माजी के जीवन का मूल मंत्र ही है—

"सर्वे भवंतु सुखिनः सर्वे सन्तु निरामयाः।
सर्वे भद्राणि पश्यंतु मा कश्चित् दुखभाग्भवेत्॥"

684, इंद्रा पार्क, पालम मार्ग
नई दिल्ली-110045
मो. : 9810981398

□

भ्राताश्री श्री महेश चंद्र शर्माजी

—डॉ. सुषमा पॉल मल्होत्रा

आज के युग में जहाँ रक्त-संबंधों की शुचिता को अनेकानेक विसंगतियों ने खोखलेपन के कगार पर ला खड़ा किया है, वहाँ दैवी अनुकंपा से संप्रेरित संबंध-सूत्रों की संरक्षा स्वयं में एक अनूठा वरदान बनकर, जिस सात्त्विकता से ओत-प्रोत कर रक्त-संबंधों से कहीं अधिक बलवती प्रमाणित होती है, मेरे जीवन में श्री महेश चंद्र शर्माजी का भ्राताश्री के रूप में सान्निध्य उसका एक मधुर प्रमाण है। न जाने वह कौन सी दिव्य प्रेरणा थी, जिसके फलस्वरूप लगभग पाँच दशक पूर्व श्रावणी पूर्णिमा के दिन महेशजी की कलाई को मौली द्वारा सूनेपन से मुक्त कर सदा के लिए अपने ज्येष्ठ भ्राता के रूप में प्राप्त कर लिया था। पुराने हिंदू कॉलेज की कश्मीरी गेट स्थित बिल्डिंग में दिल्ली नगर निगम शिक्षा-समिति की मीटिंग समाप्त होने पर 'कल राखी का पर्व है अत: अवकाश रहेगा' घोषणा होने पर 'हमें भला कौन राखी बाँधेगा?' कहने वाला बुझा सा चेहरा देखकर मैंने महेशजी को अगले दिन अपने निवास स्थान पर आने का आमंत्रण दे दिया। संभवत: नियति ने मुझसे उस विराट् साहित्यिक प्रसंग की पुनरावृत्ति करवा दी, जब महादेवी वर्मा ने सूर्यकांत त्रिपाठी 'निरालाजी' की 'बहन अन्वेषिणी कलाई' को रक्षासूत्र से गौरवान्वित कर दिया था। आमंत्रण देते समय मेरी अंतर्चेतना में रह-रहकर 'पथ के साथी' में महादेवी द्वारा उल्लिखित वह प्रसंग ही बारंबार

कौंध रहा था। आज मैं गर्व के साथ कह सकती हूँ कि यह संबंध-सूत्र मेरे जीवन में भीनी-भीनी बयार का वह मधुरित झोंका प्रमाणित हुआ, जिसने पारिवारिक संबंधों के ऐसे स्नेहिल आयामों से मुझे इतना समृद्ध कर दिया, जिसकी मैंने कल्पना भी नहीं की थी। उस दिन से स्वयं को महेशजी के परिवार का एक अभिन्न अंग कहना संभवतः कोई अतिशयोक्ति न होगी।

मुझे यह कहते हुए अत्यंत सुखद अनुभव होता है कि विविधोन्मुखी आयामों के धनी महेशजी के व्यक्तित्व ने धर्म, राजनीति, राष्ट्रीयता, लेखन, अध्यापन आदि अनेक क्षेत्रों में कीर्तिमान स्थापित किए हैं। सरस्वती की कृपा प्राप्त महेशजी की पत्रकारिता, लेखन, संपादन आदि में अनन्य गति रही है। अनुपम वाग्मिता के धनी महेशजी ने अनेक मंचों एवं संस्थाओं के कार्यभार का सफलतापूर्वक निर्वहन किया है। राष्ट्रभाषा हिंदी के समर्पित सेनानी बने रहना उनकी यशस्विता का मूलाधार है। उनके अनेक शिष्यों द्वारा उनका स्तवन उनके अध्यापकत्व की सफलता का प्रमाण है। निर्भीकता, निडरता, सेवा, समर्पण एवं एकनिष्ठा से अपने दायित्वों का निर्वहन करना उनका सहज स्वभाव है। कारागार की सींखचें भी आपातकाल में उन्हें जनसेवा से विचलित नहीं कर पाईं, अपितु उसके उपरांत भी अधिक निखरे उज्ज्वल चरित्र के साथ वे अपेक्षाकृत अधिक ओजस्विता से राजनीति में सक्रिय हो गए। नेतृत्व क्षमता, संगठनात्मक कुशलता उनके स्वभाव की सहजताएँ हैं। नेता बनकर भी कार्यकर्ता बने रहना और सभी कार्यकर्ताओं को साथ लेकर चलने की सूझ-बूझ उनकी कार्यकुशलता का एक ऐसा मूलमंत्र है, जिसने उन्हें अपने क्षेत्र की जनता में अत्यंत लोकप्रिय बना दिया है। जनता को अपना वृहत् परिवार मानकर वे निःस्वार्थ भावना से उसकी सेवा में सदैव तत्पर रहते हैं।

महेशजी की सफलताओं का मूल प्रेरणाबिंदु महर्षि दयानंद सरस्वती द्वारा संचालित आर्यसमाज की विचारधारा एवं कार्यशैली में सन्निहित है। बाल्यकाल से ही राष्ट्रभाषा, राष्ट्रप्रेम, संस्कृति-प्रेम के जो संस्कार उनके

जीवन में अंकुरित हुए 'शनैः-शनैः' उन्होंने महेश शर्माजी के व्यक्तित्व को निखारने में एक अविस्मरणीय भूमिका का कार्य संपन्न किया।

पारिवारिक संस्कारों ने उन्हें सदैव आंतरिक क्षमता से समृद्ध रखा है। स्वर्गीया भाभी श्रीमती कैलाश शर्मा ने उनकी जीवन-संगिनी बनकर इस ऊर्जा को जो संजीवनी प्रदान की, उसकी अनुशंसा के बिना महेशजी की उपलब्धियों का सही आकलन संभव ही नहीं है।

सिद्धांतों, आदर्शों, मान्यताओं, सांस्कृतिक अवधारणाओं एवं लोक-सेवा के प्रति एकनिष्ठ समर्पण के साथ-साथ अपने पारिवारिक मूल्यों के प्रति पूर्णतया सजग रह पाना सरल कार्य नहीं, किंतु ऐसे असामान्य समंजन का निर्वहन कर पाने वाले विशिष्ट व्यक्तित्व के धनी हैं श्री महेश चंद्र शर्माजी। उनके यशस्वी, स्वस्थ, दीर्घायु जीवन के लिए शत-शत मंगलकामनाएँ।

पूर्व विभागाध्यक्ष (हिंदी)
जानकी देवी महाविद्यालय
राजेंद्र नगर, नई दिल्ली

□

श्री महेश चंद्र शर्मा : सामाजिक व्यक्तित्व और अमिट कृतित्व

—जे.पी. शर्मा

समन्वय तो श्री महेश चंद्र शर्मा के व्यक्तित्व में पूर्ण रूप से सम्मिलित है। इनकी वैचारिक विषमता में भी व्यंग्यात्मकता, सटीकता, माधुर्य और सरसता है। यह संभवत: पैतृक विशेषता है, अथक पूर्व कर्मों का प्रतिफल है अथवा विशेष अध्ययन का निचोड़ है, मुझे तो आज तक बुद्धिगम्य नहीं हुआ है।

इनके व्यक्तित्व के विषय में दो उदाहरण ही पर्याप्त होंगे। इनकी बड़ी पुत्री के विवाह में श्री अटल बिहारी वाजपेयी और श्री लालकृष्ण आडवाणी दोनों एक ही समय आए। श्री शर्माजी ने दोनों का हार्दिक स्वागत किया और दोनों को स्वागत समारोह में बिठाया। हम सभी साथी भौचक्के रह गए और हँसते रहे। मेरी प्रथम पुस्तक 'युद्ध शेष है' का विमोचन होना था। महेशजी अकेले ही स्व. श्री सिकंदर बख्त को लेकर आए और सभी साथियों से परिचय करवाया। मैंने जब कहा—

द्वारपाल के योग्य नहीं जो, भारत के नेता बन जाते।
शब्दों से दुर्गंधित करते, हिंसक यहाँ पर पूजे जाते॥

महेश चंद्र शर्माजी तपाक से बोले कि मैं और सिकंदर बख्तजी तो हिंसक नहीं हैं। इसलिए हमारे विषय में इन्होंने बोला नहीं है। यह सुनकर

सभा हँस पड़ी। इसे व्यक्तित्व कहें या कृतित्व? अध्यापन में मेरी प्रगति के विषय में श्री विजय कुमार मल्होत्रा और श्री मदन लाल खुराना से इस प्रकार विचार-विमर्श किया कि विजयजी ने क्षण भर में सत्य को जाना और मेरा नाम उन्नति के लिए अपने हस्ताक्षरों से प्रस्तावित कर दिया। इनके व्यक्तित्व और कृतित्व पृथक् नहीं किए जा सकते। मैंने कवित्वमय पद्य अटलजी के विषय में लिखा। मैंने श्री महेश चंद्र शर्मा को पत्र दिखाया। इन्होंने उस दिन अटल बिहारी वाजपेयीजी से समय ले लिया और दूसरे दिन मुझे मिलवा दिया। अटलजी ने महेश चंद्रजी के विषय में लगभग 10 मिनट तक वार्त्तालाप किया। इनके जन्म दिन के अवसर पर अनेक नेता 20 वर्ष तक लगभग हर वर्ष आशीर्वाद देने आते थे। ऐसा है इनका मनमोहक व्यक्तित्व।

श्री महेश चंद्र शर्मा जिस विद्यालय में हिंदी के वरिष्ठ अध्यापक थे, वह ऐतिहासिक पृष्ठभूमि का विद्यालय था और उसका नाम था—ए. एस.वी.जे.सी.सै. स्कूल दरियागंज, नई दिल्ली। डॉ. हर्ष वर्धन, डॉ. महेश शर्मा, डॉ. प्रेम अग्रवाल, डॉ. अशोक कालिया और श्री जे.पी. अग्रवाल जैसे अनेक मेधावी छात्र यहाँ के विद्यार्थी रहे हैं। मैं भी इस विद्यालय का प्रधानाचार्य रहा हूँ। इस विद्यालय के बड़े ही सुविख्यात प्रधानाचार्य स्व. श्री विद्यासागर कपूर थे। वह प्रार्थना सभा में आंग्ल भाषा में अपने विचार व्यक्त करते थे। श्री महेश चंद्र शर्मा घूमते रहते थे और उन्हें सुनते रहते थे। जब यह उनके विचारों की शुद्ध हिंदी करते थे तो क्रमशः करते थे। हम नित्य ही आश्चर्यचकित होते थे। इनके विचारों और शब्दों को सुनकर हर छात्र मंत्रमुग्ध हो जाता था।

यद्यपि मैं आंग्ल भाषा में दिल्ली में प्रथम पुरस्कार प्राप्त कर चुका हूँ, किंतु भाषण कला में मैं इनसे पराजित हूँ। ये दिल्ली अध्यापकों की भाषण प्रतियोगिता में हर बार प्रथम आए हैं। मेरी इस विषय में इनसे स्पर्धा रहती है। वैसे तो ये मेरे अग्रज हैं। अनुज को अनुगामी होना ही

चाहिए। जब ये प्रथम बार चुनाव लड़े थे तो एक राष्ट्रीय ख्याति के नेता, जिनका नाम मुझे स्मरण नहीं हो रहा है और वे स्वर्गवासी भी हो गए हैं, एक बार सभा में पं. दीनदयाल उपाध्यायजी नहीं आए और ये लगभग 2 घंटे तक बोलते रहे। एक भी श्रोता सभा में उठा नहीं। ये आर.एस.एस. के कार्यकर्ता रहे हैं। विद्यालय से एकाकी ही आंदोलनों में जाते थे और सारे दिन भूखे-प्यासे रहते थे। परिणामतः ये महापौर की पदवी प्राप्त कर सके। यद्यपि—

पद का अहम् कभी नहीं मिटता, मनोवेग यह बन जाता है।
भीतर अहम् टपकता रहता, निश्चित ही बाहर आता है॥

किंतु इस मनस्वी व्यक्तित्व में अहम् नाममात्र भी नहीं है। आजकल ये 'दिल्ली हिंदी साहित्य सम्मेलन' के अध्यक्ष हैं और 'भारत विकास परिषद्' में उच्च पद सँभाले हुए हैं। अस्सी वर्ष की आयु में भी ये सर्वत्र ऐसा बोलते हैं कि श्रोता और पदाधिकारी इन्हें बार-बार बुलाते हैं। आपातकाल में 20 माह तक जेल में भी रहे हैं। शर्माजी बहुआयामी व्यक्तित्व और कृतित्व हैं। प्रभु इनको स्वस्थ चिरायु प्रदान करें।

सेवानिवृत्त प्रधानाचार्य,
ए.एस.वी.जे.सी.सै. स्कूल,
दरियागंज, नई दिल्ली
ट्रस्टी, श्री गीता आश्रम, ऋषिकेश

□

सेवा-समर्पण के धनी : श्री महेश चंद्र शर्मा

—सुरेंद्र कुमार वधवा

श्री महेश चंद्र शर्मा एक शिक्षाविद्, अध्यापक, राजनेता एवं संवेदनशील व्यक्ति हैं। इससे भी अधिक मैं उन्हें समझा हूँ, तो वे एक बहुत ही अच्छे कार्यकर्ता हैं और समाज के प्रति सजग प्रहरी के रूप में कार्य करने के लिए आपकी पत्नी का विशेष सहयोग रहा है। उन्हीं के कहने पर आपने राजनीति छोड़कर जो भारत विकास परिषद् के माध्यम से समाजसेवा का कार्य प्रारंभ किया, जो आपके व्यक्तित्व के अनुरूप है और हम सब प्रसन्न हैं कि आप यह काम कर रहे हैं।

आप जहाँ पर भी रहे, जिस पद पर रहे या आपको जो पद दिया गया, आपने उस पद की गरिमा बखूबी बनाए रखी। आपने कठिन-से-कठिन कार्य भी सहज तरीके से कर दिखाया, जो सभी के लिए उदाहरण है।

आप विभिन्न पदों जैसे महापौर, निगम पार्षद, हिंदी भवन के न्यासी, गौ-सेवा सदन के अध्यक्ष, दिल्ली हिंदी साहित्य सम्मेलन के अध्यक्ष रहे।

उम्र के इस पड़ाव में स्वास्थ्य की परवाह किए बगैर दिन-रात सेवा में लगे रहते हैं। ऐसा कोई भी क्षेत्र नहीं है, जिसमें आपने अपना योगदान न दिया हो। हिंदी के प्रति प्रेम, गौ-सेवा, पिछड़े समाज की सेवा, बच्चों में संस्कार प्रवाह, महिलाओं में आत्मरक्षा हेतु उन्हें तैयार करना, मरीजों

की सेवा आदि बहुत से क्षेत्रों में आपकी सेवा चिरस्मरणीय रहेगी व लोग आपका उदाहरण देते रहेंगे।

प्रभु से प्रार्थना है कि आपको स्वस्थ रखें और आप लंबे समय तक समाज की सेवा में लगे रहें।

आप दिल्ली की सुप्रिसिद्ध धार्मिक संस्था 'हिंदू पर्व समारोह समिति' से पिछले 20 वर्षों से जुड़े हुए हैं। आजकल आप इसके संरक्षक हैं।

स्वामी विवेकानंद के आदर्शों व मूल्यों का अनुसरण करते हुए निष्काम सेवा आपके स्वभाव, चरित्र व कर्मों में समाहित है। आपका प्रतिभाशाली व्यक्तित्व एवं कार्य करने की अदम्य क्षमता आज की युवा पीढ़ी के लिए अनुकरणीय है। इन्हीं गुणों के कारण विवेकानंद के आदर्शों पर चलने वाली 'भारत विकास परिषद्' के प्रकाशन के चेयरमैन एवं राष्ट्रीय मंत्री रहे। श्री शर्माजी के लेख समय-समय पर पत्र-पत्रिकाओं में प्रकाशित होते रहते हैं। आपके मार्गदर्शन में 'भारत विकास परिषद्' के सहयोग से किशनगंज, चंद्रशेखर आजाद कॉलोनी क्षेत्र में जरूरतमंद बच्चों के लिए सिलाई, कढ़ाई, कंप्यूटर प्रशिक्षण केंद्र, पुस्तकालय, वृद्धाश्रम, विकलांग सहायता केंद्र, नेत्र एवं दंत चिकित्सा आदि सुचारु रूप से चल रहा है। आजकल आप कॉर्पोरेट, मंत्रालय भारत सरकार तथा विज्ञान एवं प्रौद्योगिकी मंत्रालय की हिंदी सलाहकार समिति के सदस्य हैं।

बहुमुखी व्यक्तित्व के साक्षात् आप भंडार हैं,
श्रेष्ठतम् साहित्य के आप सद्‌गुणी शृंगार हैं।

राष्ट्रीय कार्यकारी अध्यक्ष, भारत विकास परिषद्

□

मान्यवर महेश चंद्र शर्मा के सम्मान में गीत

—स्व. गंगाशरण तृषित

(महापौर बनने के उपलक्ष्य में एक साथी के काव्यात्मक उद्गार)

हे वाणी के जादूगर, हर जादू सिर चढ़कर बोला।
तुमने जीवन की गुत्थी का, रहस्य सदा ही खोला।
मंत्रमुग्ध किया तुमने हर जन मन को,
वाणी में अमृत रस कूट–कूटकर घोला।
हे वाणी के जादूगर···

हे कर्मनिष्ठ, धर्मनिष्ठ बन, जीवन पथ पर सदा बढ़े।
अवरोधों को रौंद सदा, उन्नति शिखर चढ़े।
आँधी–तूफानों के आगे सिर नहीं झुकाया,
झेलने चाहे जितने तुमको झंझावात पड़े।
अवसर आने पर बन गए भयानक शोला।
हे वाणी के जादूगर···

तुमने सबको समझा, कोई तुमको समझ न पाया।
माँ सरस्वती के उपवन का कण–कण सरसाया।

सुयश सुधा में सिक्त सदा ही सरसे,
शुष्क हृदय को सदा स्नेह का पान कराया।
यम, नियम, संयम साथ रहे, कभी नहीं मन डोला।
हे वाणी के जादूगर…

हे दिव्य दिवाकर! घोर निराशा में दमके बनकर आशा।
अभाव ग्रस्त-त्रस्तजनों की पूर्ण करी अभिलाषा।
धीर, वीर, गंभीर बने तुम अडिग रहे,
सुरसरि तट से कभी न लौटा कोई प्यासा,
मन मोहन चित चोर, स्वभाव सदा ही भोला।
हे वाणी के जादूगर…

जीवन में मिलता खुशियों का अंबार रहे।
संबल सदा तुम्हारे जीवन का पावन प्यार रहे।
दीन-दुःखी दिल में करते वास रहें,
स्नेह-सिक्त हर शब्द सदा रस घोला।
हे वाणी के जादूगर, हर जादू सिर चढ़कर बोला।

सुप्रसिद्ध कवि एवं सहयोगी

□

प्रतिभाशाली व्यक्तित्व : श्री महेश चंद्र शर्मा

—नत्थी सिंह बघेल

बुलंदशहर जिला यू.पी. में, जहाँगीराबाद स्थान है।
जनमा जहाँ पर एक जनसेवक, करता काम महान् है॥
पंडित रामचंद्र आनंदजी, थे प्रसिद्ध कवि भारी।
ज्ञानवती दारा पतिव्रता, धर्मपरायण थीं नारी॥
जिन पर कृपा हुई ईश की, सुत पाया विद्वान् है।
जनमा जहाँ पर एक जनसेवक, करता काम महान् है॥
सन् उन्नीस सौ सैंतीस का जब, चौदह मार्च दिन आया था।
द्विजराज परिवार ने उस दिन सुत रतन अनोखा पाया था॥
नाम महेश धरा बालक का हुआ शिव मंगलगान है।
जनमा जहाँ पर एक जनसेवक, करता काम महान् है॥
लगन और भरी मेहनत से पूरी करी पढ़ाई थी।
प्रशिक्षण पा अध्यापक का, शिक्षा दिशा बनाई थी।
शिक्षा जगत् में जिनको मिला बहुत सम्मान है॥
राष्ट्रीय स्वयं सेवक जिनको बचपन से ही प्यारा है।
बरसों तक बल खंडेश्वर में, किया संघ कार्य सारा है।

राष्ट्र हित सदा रहे हृदय में, दिया संघ को मान है।
जनमा जहाँ पर एक जनसेवक, करता काम महान् है॥
शिक्षक बन आए दिल्ली में अध्यापन का काम किया।
हिंदी साहित्य सम्मेलन में, सक्रिय रूप से भाग लिया।
हिंदी जगत् में शर्माजी की, बड़ी निराली शान है।
जनमा जहाँ पर एक जनसेवक, करता काम महान् है॥
आर्यसमाज ने हिंदी के लिए, जब आंदोलन चलाया था।
सत्याग्रह किया हिंदी हित, पकड़ जेल भिजवाया था।
हिंदी बने राष्ट्र की भाषा, न कोई अन्य समान है।
जनमा जहाँ पर एक जनसेवक, करता काम महान् है॥
लोकतंत्र का दमन चक्र जब, आपातकाल लगाया था।
बीस महीने रहा जेल में, जरा नहीं घबराया था।
पुस्तक 'हमारे महापुरुष' लिखी, जो बनी आज पहचान है।
जनमा जहाँ पर एक जनसेवक, करता काम महान् है॥
दायित्व क्या है आज गुरु का, क्या नैतिकता है आज।
जीवन परिचय शर्माजी का, न है किसी का मोहताज।
भारतीय संस्कृति के प्रचारक, और वेदों का ज्ञान है।
जनमा जहाँ पर एक जनसेवक, करता काम महान् है॥
दीन-हीन दुःखियों के साथी, तेज लेखनी खासी है।
देख सादगी विस्मित हों सब, स्पष्ट वक्ता मृदुभाषी है।
सेवा भाव वृद्ध और निर्धन का, जिस दिल में स्थान है।
जनमा जहाँ पर एक जनसेवक, करता काम महान् है॥
प्रथम नागरिक बन दिल्ली का, गौरवमय पद पाया था।
कर्मयोगी आदर्श चरित्र से, अपना फर्ज निभाया था।

राजनीति का कुशल खिलाड़ी, नहीं करता अभिमान है।
जनमा जहाँ पर एक जनसेवक, करता काम महान् है॥
स्वस्थ तन-मन रहे तुम्हारा, खुशियों का भंडार रहे।
तुम जीओ हजारों साल, साल के दिन पचास हजार रहें।
सेवाभाव आदर्श चरित्र का, कायल हर इनसान है।
जनमा जहाँ पर एक जनसेवक, करता काम महान् है॥

डी-1/41, बुद्ध विहार, फेस-1, दिल्ली

□

श्री महेश चंद्र शर्मा : एक कर्मठ व्यक्तित्व

—रामगोपाल शर्मा

माना कि आपके बड़े नामवर थे
सुखावत के पुतले सुजायत के घर थे
मगर यह तो देखो तुम खुद क्या हो
ज़माने में किस मर्ज़ की दवा हो।

प्राय: देखा जाता है कि कुछ लोग आत्म प्रशंसा के अनुरागी होते हैं। वे कहते-फिरते हैं कि हमारे पिता ने यह कार्य किया, हमारे दादा ने यह किया, हमारे पूर्वजों ने यह किया। उन्होंने वे सब कार्य किए, हमारे पूर्वजों की ख्याति दूर-दूर तक थी, उन्होंने बड़े-बड़े कारनामे किए। मगर वह सब तो ठीक है। उन्होंने किए होंगे तो उनका मान था, सम्मान था, उनके किए हुए कार्यों के कारण लेकिन आपने अपने जीवनकाल में क्या किया? समाज आपको किन कार्यों से जान सकेगा, यह शायद वे नहीं सोच पाते हैं। आत्म प्रशंसा में ही अपना जीवन गुजार देते हैं।

श्री महेश चंद्र शर्माजी को एक राजनेता, जिम्मेदार नागरिक के रूप में जगह-जगह समारोहों में उपस्थित होने के कारण इनका नाम पिताजी के द्वारा ही मेरे परिचय में आ चुका था, लेकिन व्यक्तिगत परिचय तो सन्

1984-85 के आसपास दिल्ली हिंदी साहित्य सम्मेलन के माध्यम से ही हुआ। उस समय आप सम्मेलन के प्रबंध मंत्री थे और मैं प्रतियोगिता मंत्री था। सम्मेलन की बैठकों में अकसर मिलना होता रहा।

श्री शर्माजी के पिता स्व. श्री रामचंद्र शर्मा 'आनंद' स्वयं एक मँझे हुए पत्रकार एवं कवि रहे हैं, यही कारण था कि इनको पालने में ही ख्याति प्राप्त करने के गुण प्राप्त हो चुके थे, लेकिन आपने कभी भी विरासत में मिली प्रसिद्धि को अपनी जुबान पर नहीं आने दिया। वे स्वयं ही अपने कार्यों से व्यक्तित्व का निर्माण करने में कर्मठता से अभी तक जुटे हैं।

महेश चंद्र शर्माजी सन् 1971 में दिल्ली नगर निगम के चुनाव में किशनगंज, सराय रोहिल्ला क्षेत्र से पार्षद विजयी होने पर संपूर्ण दिल्ली में इनकी ख्याति फैल चुकी थी। आपकी योग्यता और कार्यशैली का ही परिणाम है कि आप अनेक शैक्षणिक, साहित्यिक, सामाजिक एवं सांस्कृतिक संस्थाओं का आज भी प्रतिनिधित्व कर रहे हैं। आपके प्रतिनिधित्व में समस्त संस्थाएँ निरंतर प्रगति की ओर बढ़ रही हैं।

आपने स्वामी विवेकानंद, दीनदयाल उपाध्याय, नेताजी सुभाष चंद्र बोस के जीवन से प्रेरणा लेकर अपना पूरा जीवन निःस्वार्थ सेवा को समर्पित कर दिया। आपके जीवन का ध्येय ही समाज को प्रगति की ओर ले जाना और लक्ष्य प्रदान करना है। शर्माजी अनेक वर्षों तक सरकारी आंदोलनों से जुड़े रहे। दिल्ली के विद्यालयों में त्रिभाषा सूत्र लागू करवाने का आंदोलन आपके नेतृत्व में ही शुरू हुआ तथा दिल्ली के न्यायालयों में उच्च न्यायालय तक में हिंदी को मान्यता दिलाने का श्रेय भी आपको ही जाता है। आज भी आप दिल्ली हिंदी साहित्य सम्मेलन एवं दिल्ली को-ऑपरेटिव थ्रिफ्ट एंड क्रेडिट सोसाइटी भगतसिंह मार्केट (गोल मार्केट) नई दिल्ली के अध्यक्ष के पद को सुशोभित कर रहे हैं। आपकी कार्य कुशलता को देखकर ही आपको सन् 1999 एवं 2013 में सर्वश्रेष्ठ सहकारी बंधु पुरस्कार से सम्मानित किया गया। ये पुरस्कार दिल्ली की मुख्यमंत्री एवं उपराज्यपाल के कर-कमलों से प्राप्त हुए।

श्री शर्माजी अपने जीवन काल में हिंदी सेवा, भाषण एवं हिंदी लेखन में भी कई उपाधियाँ, सम्मान एवं पुरस्कार प्राप्त कर चुके हैं। राजभाषा हिंदी, पर्यावरण, शैक्षिक वातावरण, शिक्षक दायित्व, विशेष रूप से राष्ट्रीय पशु गऊ माता पर लेख लिखकर कीर्तिमान स्थापित किए हैं। आपकी वाक्पटुता को देखकर दिल्ली सरकार ने सन् 1963 एवं 1974 में 'सर्वश्रेष्ठ वक्ता' के रूप में सम्मानित किया। दिल्ली सरकार की ही हिंदी अकादमी ने आपको 1989 में 'सर्वश्रेष्ठ हिंदी अध्यापक' के रूप में सम्मानित किया। दिल्ली की जानी-मानी संस्था नागरिक परिषद् ने 'हिंदीसेवी रत्न' तथा साहित्य समन्वय मंच दिल्ली (पंजी.) संस्था ने 'समन्वयश्री' सम्मान से अलंकृत किया तथा हिंदी अकादमी ने 1997 में हिंदी के 'सर्वश्रेष्ठ वक्ता' के रूप में सम्मानित किया। 1998 में हिंदी सेवा के लिए 'प्रकाशवीर शास्त्री' राष्ट्रीय पुरस्कार से सम्मानित किया गया, लायंस क्लब दिल्ली सामाजिक संस्था ने भी इनकी उत्कृष्ट समाजसेवा के लिए अनेक बार सम्मानित किया। सन् 2008 में नगर निगम में विशिष्ट सेवा के लिए दिल्ली के राज्यपाल एवं मुख्यमंत्री द्वारा निगम की स्वर्ण जयंती पर भी सम्मानित होने का गौरव प्राप्त हुआ।

हम सब हिंदीसेवी जगत् के लिए यह हर्ष की बात है कि समाजसेवी, हिंदी प्रेमी, आदर्श शिक्षक, राजनेता, पूर्व महापौर श्री महेश चंद्र शर्माजी पर केंद्रित 'व्यक्तित्व एवं कृतित्व' एक ग्रंथ का प्रकाशन हो रहा है। मैं ईश्वर से प्रार्थना करता हूँ कि शर्माजी स्वस्थ जीवन जीते हुए शतायु प्राप्त करें तथा आनेवाले वर्षों में ऐसे महान् समाजसेवी, शिक्षाविद्, भाषाविद् को भारत सरकार की ओर से भी सम्मानित किया जा सके, यह मेरी हार्दिक अभिलाषा है।

संपादक, आलोकपर्व समाचार-पत्र एवं प्रकाशन
संगठन मंत्री : दिल्ली हिंदी साहित्य सम्मेलन

□

विविध दायित्वों के वाहक : शर्माजी

—डॉ. संजीव सक्सेना

संसार का एक सिद्धांत है कि जिस व्यक्ति में कोई गुण होता है तो उस एक गुण के कारण उस व्यक्ति की समाज में अधिक माँग होने लगती है। यह तो केवल एक गुण ही होने की बात हुई, परंतु जिसमें अनेक गुण हों तो उसका क्या होगा? अर्थात् वह व्यक्ति सबकी आँखों का तारा बन जाता है। ऐसा व्यक्ति अपनी काबिलीयत के कारण सभी के दिलों पर राज करता है। हर जगह उसको पूछा जाता है और भरपूर सम्मान मिलता है। यह बात श्री महेश चंद्र शर्मा के लिए भी घटित होती है। यह तथ्य इनके लिए संपूर्ण सत्य है।

परिवार की उदर पूर्ति के लिए शिक्षक पद से सेवानिवृत्त होकर कुशल भाषण कला व ईमानदार छवि तथा जुझारू प्रवृत्ति होने के कारण शर्माजी को राजनीति में मेयर पद तक पहुँचने का गौरव प्राप्त हुआ। समाजसेवा से जुड़े अनेक संगठनों को अपना पूरा सहयोग देते रहे। इसलिए जिस संस्था में भी गए, वहाँ आपको शीर्ष पद पर रहकर सेवा करने का अवसर मिलता गया। शर्माजी के विषय में इस शे'र में कही बात सच्ची मालूम होती कि—

मैं अकेला ही चला था जानिब-ए-मंजिल मगर
लोग आते गए और कारवाँ बनता गया

श्री महेश चंद्र शर्माजी ने अनेक सामाजिक, धार्मिक, राजनीतिक, सम्मानित पदों का निर्वाह बड़ी कुशलता के साथ किया है। यदि उनके

सेवा के क्षेत्र गिनाने बैठ जाएँ तो इस विषय में कुछ अतिशयोक्ति हो जाएगी। अत: यहाँ कतिपय संस्थाओं के बारे में लिखा जा रहा है, जहाँ श्री शर्माजी पूर्ण रूप से या आंशिक रूप से जुड़े रहे हैं अथवा वर्तमान में सेवा कर रहे हैं—

1. **शिक्षक के रूप में**—शर्माजी एक कुशल शिक्षक के रूप में रहे हैं। उन्होंने सन् 1956 से 1996 तक शिक्षा के क्षेत्र में रहकर राष्ट्र की सेवा की।
2. **दिल्ली की राजनीति में**—शर्माजी की लगन, वक्तृत्व व कर्मठ कृतित्व शैली को देखकर भाजपा की दिल्ली की समिति ने उन्हें जनसेवक के रूप में सेवा करने का अनुरोध किया, जिसे उन्होंने स्वीकार करके दिल्ली नगर निगम में पार्षद के रूप में अपने क्षेत्रवासियों की बड़े मनोयोग से सेवा की।
3. **महापौर के रूप में**—राजनीति में शर्माजी के जमते हुए कदमों को सफलता चूमने लगी। इसलिए दिल्ली नगर निगम में शिक्षा समिति के अध्यक्ष, सदन के नेता, उपमहापौर और अंत में आपको महापौर बनने का भी अवसर मिला।
4. **नगर निगम में शिक्षा समिति के सदस्य के रूप में**—दिल्ली नगर निगम में सर्वोच्च पदों पर आसीन रहकर आपने दिल्ली की जनता की बड़ी तन्मयता के साथ सेवा की है। अब वर्तमान में आप अनेक वर्षों से दिल्ली नगर निगम में शिक्षा समिति के सदस्य के रूप में सेवा कर रहे हैं।
5. **दिल्ली हिंदी साहित्य सम्मेलन के अध्यक्ष के रूप में**—हिंदी भाषा के प्रचार-प्रसार हेतु यह संस्था हिंदी भाषा के संवर्धन हेतु अनेक वर्षों से लगी हुई है। अनेक हिंदीसेवी, हिंदी प्रेमी, साहित्यकार, कवि, लेखक इस संस्था से जुड़े रहे हैं। उन्होंने इस संस्था के बैनर तले पूरे देश में हिंदी की सेवा की है। श्री शर्माजी

ने इस संस्था में सन् 1987 से 1995 तक प्रबंध मंत्री के रूप में सेवा की है। फिर सन् 1996 से 2000 तक आप महामंत्री रहे। तदुपरांत आप अद्यावधि इस संस्था के अध्यक्ष के पद पर रहकर इस पद की गरिमा के अनुकूल हिंदी की सेवा कर रहे हैं। इस संस्था की गतिविधियों से हिंदी भाषा को मजबूती तो मिली ही है, साथ ही हिंदी के कवियों, साहित्यकारों और हिंदी के विभिन्न विधा के रचनाकारों को भी प्रश्रय मिला है।

6. **भारत विकास परिषद् में**—जन सामान्य को भारतीय संस्कृति के प्रति प्रेरित करने के उद्देश्य से आपने इस संस्था में अनेक पदों पर रहकर सेवा की है। वर्तमान में भी आप दिल्ली भारत विकास परिषद् में संरक्षक के रूप में निरंतर सहयोग कर रहे हैं।
7. **गौ-सेवक के रूप में**—श्री शर्माजी 'गोपाल गौ-सदन हरवेली' (दिल्ली) में सन् 2005 से 2010 तक गौ-सदन फेडरेशन के चेयरमैन रहे हैं। वर्तमान में भी आप येन-केन-प्रकारेण गौ और गौवंश की सेवा में अनवरत लगे रहते हैं।

श्री महेश चंद्र शर्मा से जुड़े हुए संस्थानों, व्यक्तियों, कार्यों का पूरा लेखा-जोखा लिखना संभव नहीं है। यदि उनके बारे में पूरा लिखने लग जाएँ तो एक महाग्रंथ ही बन जाएगा। अनेक ऐसी गतिविधियों में, संस्थाओं में उन्होंने विभिन्न प्रकार से सेवा की है, जिसकी संक्षेप में सूची निम्नलिखित है—

8. पत्रकार के रूप में
9. लेखक के रूप में
10. पाठ्यक्रम निर्माण समिति, दिल्ली प्रशासन में सन् 1976 से 1981 तक
11. राजभाषा क्रियान्वयन समिति, दिल्ली में सदस्य के रूप में सन् 1993 से 1998 तक

12. दिल्ली पब्लिक लाइब्रेरी में हिंदी पुस्तक चयन समिति के सदस्य के रूप में सन् 1983 से 1990 तक
13. दिल्ली प्रदेश शिक्षक संघ 1979 से 1989 तक
14. हिंदी भाषा प्रचार-समिति 1977 से 1983-85, 1989, 1993
15. दिल्ली अध्यापक परिषद् में संगठन महामंत्री के रूप में 1969 से 1972 तक
16. दिल्ली को-ऑपरेटिव कमर्शियल थ्रिफ्ट एंड क्रेडिट सोसाइटी लि. के चार बार अध्यक्ष के रूप में
17. भगवान् परशुराम इंजीनियरिंग कॉलेज, दिल्ली में ट्रस्टी के रूप में
18. भारत विकास परिषद् विकलांग फाउंडेशन में ट्रस्टी के रूप में
19. विवेकानंद पुरी शिव मंदिर के संस्थापक व संरक्षक के रूप में
20. भारत सरकार के विज्ञान एवं प्रौद्योगिकी मंत्रालय की हिंदी सलाहकार समिति के सदस्य के रूप में तीन वर्ष (2016-2019) के लिए नियुक्ति।

बी-53, साउथ गणेश नगर, दिल्ली-92

□

कर्मयोग के शिखर पुरुष : पं. महेश चंद्र शर्मा

—राजेंद्र राजा

सादगी की परिभाषा, सरलता की प्रतिमूर्ति, सहजता का परिचय, सहिष्णुता के प्रतीक, समभाव के समर्थक, सदाचरण के कीर्तिमान, साहस के पुतले, संन्यासी सम वैरागी, स्पष्ट वक्ता, सत्य के प्रहरी, साहित्यिक पुरोधा, धर्म के स्तंभ, सांस्कृतिक एवं संस्कृति के संरक्षक, मर्यादित तथा आस्थावान, सकारात्मक सोच के धनी, कुशल राजनीतिज्ञ, कर्तव्य परायण, भगवान् परशुराम वंशज, शोषित-दलितों के शुभचिंतक, राष्ट्रवादी विचारक, महान् गौ-भक्त, तथा राष्ट्रभाषा हिंदी के प्रति समर्पित, यदि कोई व्यक्तित्व भारत भू पर मानव के रूप में हम सबके बीच में है, तो निर्विवाद रूप से पूर्व महापौर माननीय पं. महेश चंद्र शर्माजी कहा जा सकता है। इस पुण्य धरा पर ऐसा कौन सा मानवीय गुण है, जो अभी तक शर्माजी से दूर रहकर अपने दुर्भाग्य को कोस रहा हो? चाणक्य तथा विदुर की नीतियों के मर्मज्ञ पंडितजी एक ऐसी प्रतिभा, जो इनको अन्य लोगों से अलग दरशाती है, वह है इनका 'बच्चों में बच्चे', 'युवाओं में युवा' तथा 'वृद्धों में वृद्ध' हो जाने की सिद्धहस्त कला, जिसके कारण ये सभी के दिलों पर एकच्छत्र राज्य करते अपने समय की 'चार पीढ़ियों' का प्रतिनिधित्व करते हुए देखे जा सकते हैं।

पंडितजी का आकर्षक व्यक्तित्व, लंबा कद, आँखों पर चश्मा, ढीला-ढाला कुरता-पाजामा, बटन खुली हुई जैकेट, चेहरे पर सदैव के लिए अधिकार कर चुकी मृदुल मुसकान को देखकर कोई भी इन्हें कहीं पर भी पहचान सकता है। इस भौतिक धरा पर किसी भी विषय पर धारा प्रवाह बोलना इनकी अपनी खास विशेषता रही है। जब-जब भी ये बोलने अर्थात् अपना वक्तव्य देने के लिए खड़े होते हैं तो जनसमूह की करतल ध्वनि यह संकेत दे जाती है कि अब पं. महेश चंद्र शर्मा बोलने वाले हैं।

उनके भाषण की शैली, शब्दों का चयन, विषयपरक ज्ञान का भंडार, उनके व्यक्तित्व को चार चाँद लगा जाते हैं तथा उन्हें 'आज का विवेकानंद' भी माना जा सकता है। कोई भी विषय उनके लिए अछूता नहीं है। उनके व्यक्तित्व की एक अनूठी बात यह भी है कि वे कभी भी उम्र को स्वयं पर हावी नहीं होने देते। तभी तो कहीं पर कोई भी राष्ट्रीय, सामाजिक, धार्मिक अथवा सांस्कृतिक कार्यक्रम हो, पंडितजी कहीं अध्यक्ष के रूप में, तो कहीं मुख्य वक्ता के रूप में तो कहीं विशिष्ट अतिथि के रूप में अवश्य दिखाई देते हैं। वे कभी भी किसी को निराश नहीं करते तथा अपने व्यस्ततम समय में से संभावित समय देने का प्रयास करते हैं। उनकी सरलता तथा सहजता का एक उदाहरण प्रस्तुत करते हुए मुझे अच्छा भी लग रहा है और संकोच भी हो रहा है। जब भी कभी उनके दर्शनों का लाभ मिलता है तो अभिवादन के साथ ही वे हाथ मिलाने के लिए झट-से अपने हाथों को आगे कर देते हैं। मैंने कई बार उनसे ऐसा न करने की प्रार्थना की है कि मैं आपसे हाथ मिलाने की सामर्थ्य नहीं रखता। मेरे हाथ तो आपके चरणों को स्पर्श करने का अधिकार रखते हैं और आपके हाथ मेरे सिर पर आशीर्वाद हेतु, उस समय उनके चेहरे पर जो मुसकान उभरती है, वह भी आनंदित कर जाती है।

एक सम्माननीय शिक्षक के रूप में आपको अति महत्त्वपूर्ण 'डॉ. राधाकृष्णन शिक्षक पुरस्कार' भी प्राप्त हो चुका है तथा 'हिंदी अकादमी'

व अन्य संस्थाओं द्वारा 'सर्वश्रेष्ठ वक्ता' का पुरस्कार कई बार मिल चुका है। शिक्षा के क्षेत्र में विभिन्न छात्रोपयोगी सुझावों से आपने निगम तथा सरकारों का भी मार्गदर्शन किया है। साहित्यकार की दृष्टि से यदि आपको देखा जाए तो आपने कई साहित्यिक पुस्तकों की रचना की है तथा आपको विभिन्न पुरस्कारों से भी अलंकृत किया गया है। आपके विभिन्न पठनीय तथा स्तरीय लेख विभिन्न पत्र-पत्रिकाओं में पढ़ने को मिलते रहते हैं।

एक कुशल राजनीतिज्ञ के रूप में लोकतंत्र के रक्षार्थ आपको 'आपातकालीन स्थिति' का विरोध करने पर कारावास में एक लंबे समय तक रहना पड़ा, लेकिन आपने लेखन तथा स्वाध्याय से अपने को जोड़े रखा। जब आप बाहर आए तो जनमानस ने आपको अपने सिर पर उठा लिया तथा पार्षद से लेकर 'महापौर' तक के पदों को सुशोभित किया। 'दिल्ली हिंदी साहित्य सम्मेलन' को आपने बहुत आगे बढ़ाया तथा यह संस्था दिल्ली से बाहर भी हिंदी के प्रचार-प्रसार का कार्य कर रही है।

ग्रामीण अंचल जहाँगीराबाद जनपद बुलंदशहर में जन्मे शर्माजी आज भी एक सरल ग्रामीण दृष्टिगत होते हैं, इसीलिए 'सादा जीवन-उच्च विचार' आपने अपने पारिवारिक धरोहर के रूप में स्वीकार किया है। शोषितों तथा दलितों के विकास हेतु आप सदा ही प्रयासरत रहे हैं। महिलाओं के प्रति भी आप एक शुभचिंतक या संरक्षक के रूप में जाने जाते हैं। 'गौमाता' गौवंश के संरक्षण हेतु आपने दिल्ली तथा अन्य स्थानों पर गौशालाएँ निर्मित कराने में अपना पूरा सहयोग दिया है। उनके विकास के लिए दान-अनुदान की व्यवस्था कराने में आज भी रत हैं। वरिष्ठ नागरिकों की सेवार्थ 'वरिष्ठायन' की स्थापना से ही आपकी महानता का आभास हो जाता है। आपकी बहुमुखी प्रतिभा को जितना नमन करूँ, उतना ही कम है। मैं आदरणीय पंडितजी के दीर्घायु तथा स्वस्थ व सानंद रहने की शुभकामनाएँ करता हूँ।

और अंत में—

'आपके सम्मान में कुछ भी तो लिख पाया नहीं
राम जाने क्या हुआ, हर शब्द बौना हो गया।
आपसे जब जब मिला हर बार मुझको यूँ लगा
सौम्यता का रूप कुछ ज्यादा सलौना हो गया।'

संस्थापक/अध्यक्ष
प्रखर साहित्यकार मंच, दिल्ली
उपाध्यक्ष
राष्ट्रवादी साहित्यकार संघ, दिल्ली
225, कृष्णा गली–6, मौजपुर
दिल्ली–110053
मो. : 9810042312, 9971374312
इ–मेल : rajendraraja1943@gmail.com

□

एक हिंदी प्रेमी के मन की पीड़ा

—श्री अश्विनी कुमार

हिंदी साहित्य सम्मेलन दिल्ली के अध्यक्ष श्री महेश चंद्र शर्मा ने निवर्तमान राष्ट्रपति डॉ. ए.पी.जे. अब्दुल कलाम को एक पत्र भेजा है, जिसकी एक प्रति उन्होंने मुझे भी भेजी है।

महामहिम को संबोधित करते हुए पत्र में कहा गया है—

"आपने अपनी सहृदयता, योग्यता, सरलता और विद्वत्ता से जनता के प्रिय राष्ट्रपति के रूप में भारत के इतिहास में प्रमुख स्थान बनाया है।

प्रारंभ में आपने राष्ट्रपति की शपथ ग्रहण करने के बाद राष्ट्रभाषा हिंदी के विकास और उसमें लिखने और बोलने की घोषणा की थी, आप कभी-कभी हिंदी में बोले, वार्त्तालाप भी किया। हिंदी में भाषणों का प्रारंभ भी किया, परंतु मेरी जानकारी के अनुसार आपके राष्ट्रपति के आने से पूर्व ही अपनी वेबसाइट में हिंदी को यथोचित स्थान दिलाकर राष्ट्रभाषा को उचित स्थान दिलाएँगे।"

यह वेबसाइट मेरी नजर से भी गुजरी है। इसे देखकर मेरे मन में भी यही विचार उठा कि काश! यह अंग्रेजी के साथ-साथ हिंदी में भी होती। यदि यह दोनों भाषाओं में होती तो किसी को आपत्ति न होती और राष्ट्रभाषा का सम्मान भी बना रहता।

कई बार मैं सोचता हूँ कि 1947 में 'गोरे अंग्रेज' भारत छोड़कर चले गए, किंतु 'काले अंग्रेज' यहाँ अपने पीछे छोड़ गए, जो साठ वर्ष बीतने

पर भी इस देश की प्रशासनिक एवं शैक्षणिक व्यवस्था पर तो हावी हैं, हाँ, सांस्कृतिक मूल्यों को भी प्रभावित कर रहे हैं।

अंग्रेज, जिनके साम्राज्य में कभी सूर्य अस्त नहीं होता था, अंग्रेजी को 'उच्च शिक्षित वर्ग की शासकीय भाषा' कहते थे और भारतीय भाषाओं के लिए 'वर्नेकुलर' शब्द का इस्तेमाल करते थे। इस तरह वे भारतीय भाषाओं को एक गुलाम देश के निवासियों (गुलामों) की भाषा का दर्जा देते थे।

शब्दकोश ऑक्सफोर्ड डिक्शनरी में वर्नेकुलर (Vernacular) का अर्थ है Language of the natives यानी 'अपने देश की भाषा'। यानी उन देशों की भाषा, जहाँ ब्रिटिश साम्राज्य है अर्थात् वे देश, जो ब्रिटिश हुकूमत के गुलाम हैं, उन देशों में जिन-जिन भाषाओं का प्रयोग बोलने और लिखने में किया जाता है, उस गुलामी की भाषा को अंग्रेज Vernacular Language कहते थे। इसी के मद्देनजर सभी गुलाम देशों में उन्हीं देशों की भाषाओं में प्रकाशित समाचार-पत्रों को Vernacular Press कहा जाता था।

अंग्रेज अंग्रेजी को शहंशाही भाषा मानता था और अपने गुलाम भारत की भाषाओं को 'वर्नेकुलर' बताता था। इस तरह अपनी उच्च भावना को प्रदर्शित करने के लिए वह भारतीय भाषाओं को हीन दर्जा देता था। दुर्भाग्य से यह सिलसिला आजादी के साठ साल बीतने पर भी जारी है। 'काले अंग्रेज' आज भी उच्च भावना का शिकार हैं और भारतीय भाषाओं को 'वर्नेकुलर' बताते हैं। यहाँ तक कि अंग्रेजी प्रैस भारतीय भाषाओं के समाचार-पत्रों के लिए 'वर्नेकुलर प्रेस' शब्द इस्तेमाल करता है। दूसरे शब्दों में, ये देसी भाषाओं के अखबार हैं।

नि:संदेह मौजूदा संसार में अंग्रेजी के बिना गुजारा नहीं, क्योंकि यह एक अंतरराष्ट्रीय भाषा है, किंतु जिस तरह फ्रांस के नागरिकों को अपनी भाषा फ्रेंच, जर्मनी के नागरिकों को अपनी भाषा जर्मन, इंग्लैंड के नागरिकों को अपनी भाषा अंग्रेजी, जापान के नागरिकों को अपनी भाषा जापानी पर गर्व है, वैसे ही भारत के लोगों को भी अपनी राष्ट्रभाषा एवं राजभाषा

हिंदी पर गर्व होना चाहिए। गर्व की यह भावना देश में सत्ता के सर्वोच्च सांविधानिक केंद्र, सर्वोच्च प्रकाशपुंज, राष्ट्रपति भवन से शुरू होनी चाहिए, किंतु दुर्भाग्य से वहाँ भी अंग्रेजी का ही बोलबाला है।

संसद् में हिंदी में प्रश्न पूछा जाए तो मंत्री हिंदी में उत्तर देता है। इसी परंपरा का अनुपालन करते हुए, यदि राष्ट्रपति भवन की वेबसाइट दोनों भाषाओं अंग्रेजी और हिंदी में बनाई जाती तो बेहतर होता। पाठकों की जानकारी के लिए मैं यह बताना जरूरी समझता हूँ कि आपके प्रिय 'पंजाब केसरी' की वेबसाइट हिंदी और अंग्रेजी दोनों भाषाओं में इंटरनेट पर उपलब्ध है।

मैं जहाँ राष्ट्रपति भवन से हिंदी प्रेम की अपेक्षा करता हूँ, वहाँ मेरा देश के सभी नागरिकों से भी अनुरोध है कि वे क्षेत्रीय भावनाओं से ऊपर उठकर राष्ट्रभाषा हिंदी को अपने सामान्य जीवन में अपनाएँ। घर में और घर से बाहर हिंदी में वार्त्तालाप करें, आपस में पत्र-व्यवहार हिंदी में करें, अपने बच्चों को हिंदी माध्यम स्कूलों में शिक्षा दिलाएँ। हिंदी को अपने काम-काज की भाषा भी बनाएँ। मेरा सरकार से भी अनुरोध है कि वह राष्ट्रभाषा हिंदी के विकास, प्रगति एवं उन्नति में जुटी संस्थाओं को प्रोत्साहित करे।

मुझे इस बात की खुशी है कि अहिंदी भाषी क्षेत्रों के लोगों में हिंदी सीखने, पढ़ने, बोलने के लिए एक विशेष उत्साह है, चाहे वहाँ के राजनीतिज्ञ अपने राजनीतिक स्वार्थों के चलते हिंदी का विरोध करते हैं।

एक हिंदी प्रेमी का राष्ट्रपति कलाम को पत्र निस्संदेह उसके मन की पीड़ा और व्यथा को प्रकट करता है। मेरा विश्वास है कि निवर्तमान राष्ट्रपति यदि जाने से पहले अपनी गलती को सुधार न पाएँ तो नए महामहिम इसे जरूर सुधारेंगे। यदि राष्ट्रपति भवन में राष्ट्रभाषा का सम्मान नहीं होगा तो कहाँ होगा? और पत्र के परिणामस्वरूप वेबसाइट हिंदी में भी बनी।

संपादक, पंजाब केसरी दैनिक
नई दिल्ली

□

एक अनुकरणीय कार्यकर्ता : श्री महेश चंद्र शर्मा

—श्रीमती किरण चोपड़ा

राष्ट्रीय स्वयंसेवक संघ के कर्मठ कार्यकर्ता व समूचे भारत में सन् 1956 में प्रसारित हिंदी रक्षा आंदोलन के समय सत्याग्रह करके जेल गए श्री महेश चंद्र शर्मा अत्यंत सक्रिय सामाजिक कार्यकर्ता हैं, जो कि 70 वर्ष की उम्र में भी प्रतिदिन 18 घंटे लगातार काम करते हैं। समाज में बड़े-बुजुर्गों की स्थिति के बारे में इनका मानना है कि हम अपनी ही गलतियों के कारण परेशान होते हैं। सही उम्र और सही वक्त पर जब हम अपने घर का माहौल ठीक नहीं करते तो शायद बुढ़ापे में इसी माहौल से पैदा हुए संस्कार, जो हम लोगों ने खुद ही अपने बच्चों को दिए होते हैं, तो फिर कहाँ और किसको दोष दें? दोष है तो हमारी संस्कृति में आए बदलाव का। पाश्चात्य संस्कृति ने हमारे संस्कारों पर बहुत बड़ी चोट की है। इस उम्र में सुखी रहने का मूलमंत्र यही है। हम अपने बच्चों को ही दोष न दें, हमें अपनी भी सोच बदलनी होगी। आज बुजुर्ग अधिकार की बात सोचते हैं। 40 साल पहले उन्होंने समाज को क्या दिया? पहले हमारे बुजुर्ग बच्चों को पुराणों की कथाएँ, 'रामचरितमानस' और महापुरुषों की बातें सुनाया करते थे, आज के माता-पिता टेलीविजन पर बच्चों को क्या दिखाते हैं?

दिल्ली सरकार की ओर से सर्वश्रेष्ठ हिंदी वक्ता के रूप में भी श्री शर्मा को सम्मानित किया जा चुका है। दिल्ली नगर निगम में सदन के नेता व पूर्व महापौर श्री शर्मा का सारा जीवन समाजसेवा में बीता है। स्वामी विवेकानंद से अत्यंत प्रभावित उन्होंने अपने बच्चों को भी पूरी तरह संस्कारित जीवन दिया है। इनका कहना है कि वे किसी भी काम को अपने बेटे की सलाह लिये बिना नहीं करते। इसका सबसे बड़ा लाभ वह इस बात को मानते हैं कि बेटा भी कभी कोई काम उनकी राय लिये बिना नहीं करता। वह इन दिनों दिल्ली हिंदी साहित्य सम्मेलन में अध्यक्ष के रूप में सम्मेलन को नई दिशा व आयाम दे रहे हैं। इसके अलावा दिल्ली की सबसे बड़ी गौशाला, हरेवली में गौ-सेवा में अपना महत्त्वपूर्ण योगदान देते हैं। इन तमाम व्यस्तताओं के बावजूद वे कहते हैं कि जहाँ समाजसेवा की बात आती है तो मैं कभी पीछे नहीं हटता। समाज का कोई भी काम करने से मुझे ताकत मिलती है। मैं हर सप्ताह एक पौधा खरीदता हूँ और किसी पार्क में जाकर लगा देता हूँ, क्योंकि प्रकृति से मुझे बहुत प्रेम है।

मैं अपने आनेवाले दिनों में कभी लाचार या बेबस तो हो ही नहीं सकता, क्योंकि मुझे अपने आप पर पूरा भरोसा है। जो संस्कार मुझे मेरे माता-पिता से मिले हैं, उन्हें मैंने अपने बच्चों को भी दिया है। मेरे बेटे-बहू मेरी इतनी देखभाल करते हैं कि मैं खुद को उन खुशनसीब लोगों में शामिल पाता हूँ, जो लोग सुखी परिवार की गिनती में शामिल हैं।

निदेशक, पंजाब केसरी
संरक्षक 'चौपाल'
चैयरपर्सन वरिष्ठ नागरिक केसरी

□

हिंदी समर्पित सेवी

—प्रो. डॉ. सुंदरलाल कथूरिया

यह जानकार हार्दिक प्रसन्नता हुई कि दिल्ली के यशस्वी पूर्व महापौर श्री महेश चंद्र शर्माजी के व्यक्तित्व एवं कृतित्व पर एक भव्य ग्रंथ का प्रकाशन किया जा रहा है।

विगत कुछ वर्षों से मैं श्री शर्माजी से सुपरिचित हुआ हूँ। बहुआयामी व्यक्तित्व के धनी श्री महेश चंद्र शर्माजी अनन्य हिंदी सेवी, सुलझे राजनेता, निस्स्वार्थ समाजसेवी, राष्ट्रनिष्ठ चिंतक, ओजस्वी वक्ता, भारतीय संस्कृति के उपासक, कुशल संगठनकर्ता, लेखनी के धनी, आपातकाल की यातनाओं के भुक्तभोगी, अनेक संस्थाओं के प्राण, आदर्श शिक्षक, मिलनसार, मृदुभाषी, स्वामी विवेकानंद के जीवन-सिद्धांतों का अनुसरण करनेवाले तथा निष्ठावान गौ सेवक हैं। वे सादा जीवन उच्च विचार का मूर्तिमंत रूप हैं। मध्यमवर्गीय परिवार में जन्में शर्माजी ने सफलता के उत्तुंग शिखरों को छुआ है, किंतु उनमें तनिक भी अभिमान नहीं है। वे गुणियों का समुचित सम्मान करनेवाले हैं।

शिक्षा, समाज, हिंदी भाषा एवं राष्ट्र सेवा के लिए अनेक प्रतिष्ठित सरकारी-गैर-सरकारी संस्थाओं से बहुश: सम्मानित श्री शर्मा इन दिनों दिल्ली के आपातकालीन बंदियों को स्वतंत्रता सेनानी घोषित कराने एवं पेंशन दिलाने तथा हिंदी को राजभाषा के रूप में प्रतिष्ठा दिलाने के लिए प्राणपण से जुटे हैं। परम पिता परमात्मा उनकी इस मनोकामना को पूर्ण करें।

81 वर्ष से अधिक आयु के श्री महेश चंद्र शर्माजी में युवकों से भी अधिक उत्साह और कर्मठता है। महापुरुषोचित गुणों से युक्त श्री शर्मा निश्चय ही एक दिव्य विभूति हैं। मेरी शुभेच्छा है कि अदीन और स्वस्थ रहते हुए वे शतायु हों, बल्कि उससे भी अधिक आयु को प्राप्त कर राष्ट्र, राष्ट्रभाषा, गौ और जनता जनार्दन की सेवा करते रहें।

पूर्व एडवोकेट, दिल्ली हाईकोर्ट
बी–3/79, जनकपुरी, नई दिल्ली–58

□

श्रेष्ठ वक्ता

—रोहित बजाज

श्री महेश चंद्रजी जैसे बहुमुखी प्रतिभा के धनी व्यक्तित्व के लिए कुछ भी कहना दीपक को लौ दिखाने के समान है उनके व्यक्तित्व को शब्दों में बाँधना औपचारिकता मात्र है। वास्तव में हकीकत तो यह है कि ऐसे सत्पुरुष विरले ही इस धरा पर जन्म लेते हैं। हमारा उनके साथ एक लंबे समय से गहरा नाता रहा है। उनके आदर्शों पर व दिखाए गए सन्मार्ग पर चलने का हमने सदा से ही प्रयास किया है। वह हमारे रेमल पब्लिक स्कूल परिवार के सबसे वरिष्ठ, विद्वान् व शुभचिंतक सदस्य हैं। विद्यालय की प्रबंधन समिति के सम्मानित अध्यक्ष पद पर आप आसीन हैं। उनके आदर्शों व मूल्यपरक सिद्धांतों पर अमल करते हुए हम अपने विद्यालय को उच्चतम शिखर तक पहुँचाने में कामयाब हुए हैं। हम सब जानते हैं कि मानव जीवन परमात्मा का दिया अमूल्य वरदान है, किंतु क्या हम इस जीवन को अपने सत्कर्मों से कोई सार्थकता प्रदान कर पा रहे हैं, शायद उतना नहीं जितना हम कर सकते हैं, किंतु महेशजी राजनीति से लेकर सामाजिक कार्य हों या दरिद्र नारायण की सेवा अथवा गौमाता के संरक्षण के लिए आह्वान करना; प्रत्येक क्षेत्र में अपना योगदान निरंतर गति से दे रहे हैं। हिंदी भाषा के धनी, श्रेष्ठ वक्ता व भाषायी ज्ञान के आप पारखी हैं, प्रत्येक विषय पर आपकी गहरी पकड़ है, जब आप प्रवाह में बोलते हैं तो श्रोता मंत्रमुग्ध होकर रह जाते हैं। स्वामी विवेकानंद आपके

आदर्श रहे हैं और उनके व्यक्तित्व की झलक अप्रत्यक्ष रूप से आपके चरित्र में भी दिखाई देती है।

हम अपने आपको अत्यंत सौभाग्यशाली मानते हैं कि हम आपकी छत्रच्छाया में हैं और प्रत्येक अवसर पर आप सदैव हमारे साथ रहते हैं। इस अवसर पर हम सब हृदय से आपको अपनी शुभकामनाएँ प्रेषित करते हैं, ताकि आप इसी तन्मयता के साथ लोकहित में 'सर्वजन हिताय, सर्वजन सुखाय' की मंगल कामना के साथ कार्यरत रहें। इन्हीं आशाओं के साथ...

मैनेजर
रेमल पब्लिक सीनियर सेकेंडरी स्कूल
ब्लॉक ए, पॉकेट-2, सेक्टर-3, रोहिणी, दिल्ली-85

□

इस जन का उद्‌देश्य नहीं है श्रांत भवन में टिक जाना

—डॉ. रामशरण गौड़

हिंदी के प्रसिद्ध कवि जयशंकर प्रसाद ने कहा है, "इस जन का उद्‌देश्य नहीं है श्रांत भवन में टिक जाना, पर जाना है उन राहों तक जिनके आगे राह नहीं है।" ये पंक्तियाँ श्री महेश चंद्र शर्मा पर शतशः लागू होती हैं। मैं विगत चालीस वर्ष अधिक समय से परिचित हूँ। श्री शर्मा शिक्षक, हिंदीसेवी, राजनेता, धार्मिक और समाजसेवा आदि के गुणों से पूर्णतः संपन्न हैं। कर्मठता, संघर्ष, सेवा आपके जीवन का उद्‌देश्य रहा है। सन् 1955 से शिक्षक के रूप में देश की सेवा के साथ ही आपने हिंदी के विकास और उन्नयन में अपने जीवन को लगा दिया। सन् 1956 में हिंदी आंदोलन में सक्रिय भूमिका निभाने के साथ ही सन् 1957 से हिंदी लेखन, पत्रिका और हिंदी सेवा में जुट गए। श्री शर्मा हिंदी की सेवा में ऐसे जुटे कि आपने फिर मुड़कर ही नहीं देखा। सन् 1957 से ही दिल्ली हिंदी साहित्य सम्मेलन की गतिविधियों में संलग्न हो गए। तद्नंतर 1984 में हिंदी साहित्य सम्मेलन के प्रबंध मंत्री, सन् 1996 में महामंत्री और सन् 2000 से अध्यक्ष बने। तभी से आप दिल्ली हिंदी साहित्य सम्मेलन की विभिन्न गतिविधियों के माध्यम से राष्ट्रभाषा और राजभाषा हिंदी के उन्नयन के लिए निरंतर लड़ाई लड़ रहे हैं और संघर्ष कर रहे हैं। न्यायालयों में

हिंदी, विश्वविद्यालयों में हिंदी आए, विद्यालयों में हिंदी और संस्कृत का विकास कैसे हो, इसके लिए दिल्ली सरकार और भारत सरकार के विभिन्न मंत्रालयों के अधिकारियों व मंत्रियों से मिलना, उन्हें अपने प्रतिवेदन सौंपना, हिंदी के प्रति निष्ठा रखनेवाले लोगों से संपर्क करना, हिंदी के विकास और प्रयोग में आनेवाली कठिनाइयों के प्रति लोगों को अवगत कराना, विभिन्न संगोष्ठियों, कवि सम्मेलनों, हिंदी समारोहों का आयोजन कर हिंदी भाषा, साहित्य और संस्कृति की सेवा करना आपके जीवन का परम लक्ष्य है। वस्तुत: हिंदी की अस्मिता, महत्त्व और उसकी आवश्यकता को आपने समझा, पहचाना और आगे बढ़े।

जीवन का कोई भी क्षेत्र हो, उसमें शर्माजी पूरी कर्मठता और मनोयोग से आगे बढ़े। सन् 1977 में किशनगंज आनंद पर्वत निगम क्षेत्र के पार्षद रहे। नगर निगम की शिक्षा समिति के अध्यक्ष रहे हैं। आप दिल्ली की लगभग 1,200 सदस्यों की सुप्रसिद्ध सहकारी संस्था दिल्ली को-ऑपरेटिव कमर्शियल थ्रिफ्ट एंड क्रेडिट सोसाइटी, भगतसिंह मार्ग (गोल मार्केट) के अवैतनिक सचिव एवं अध्यक्ष के रूप में वर्षों तक कार्य करते रहे हैं। दिल्ली लाइब्रेरी बोर्ड के सदस्य रहे हैं। भारतीय विकास परिषद्, हिंदू पर्व समारोह समिति में विगत 28 वर्षों से सक्रिय रूप से संयुक्त होकर विभिन्न गतिविधियों और कार्यक्रमों के माध्यम से समाज को भारतीय संस्कृति, जीवन मूल्यों और मानव सेवा से परिचित कराते हैं। राजनीति के क्षेत्र में नगर निगम की शिक्षा समिति, सदन के नेता, उप महापौर एवं महापौर के रूप में आपके द्वारा प्रदत्त सेवाएँ अभी तक दिल्ली के लोगों को स्मरणीय हैं। सामाजिक समस्याओं, पर्यावरण, हिंदी के संबंध में आपके प्रकाशित लेख पाठकों को प्रेरित करते रहते हैं।

सामाजिक सेवा के क्षेत्र में गौ-सदन फाउंडेशन (फेडरेशन और गौशाला) की स्थापना आपका ऐसा महत्त्वपूर्ण कार्य है, जिसका उल्लेख करना आवश्यक है। आपके प्रयासों और समाजसेवियों के सहयोग से दिल्ली में गौ-सदन फेडरेशन की स्थापना की। इस फेडरेशन के अंतर्गत

दिल्ली में 4 गौशालाएँ हैं। जिनमें 26,000 गायों का पालन-पोषण किया जा रहा है। दिल्ली के हरेवली गाँव में स्थापित गोपाल गौ-सदन के आरंभ में न्यासी फिर अध्यक्ष के रूप में अनेक वर्षों तक गौ-सेवा में लगे रहे और आज भी हैं।

विगत बावन वर्षों से हिंदी भाषा, साहित्य, संस्कृति समाजसेवा में रत श्री महेश चंद्र शर्मा निरंतर समाज के विभिन्न कार्यों और समस्याओं के समाधान में संलग्न रहकर और संघर्ष कर कर्मठता को ही अपने जीवन का लक्ष्य समझते रहे हैं। उन्हें देखकर जगन्नाथ प्रसाद मिलिंद की निम्नलिखित पंक्तियाँ स्मरण हो आती हैं—

रुकने वाले रुकें, तुम्हें तो
गति ही में विराम मिलता है।
पथ के तम के व्यवधानों में
भी उर का शतदल खिलता है॥

धरती पर जन्म लेकर जो धरती की धीरता और निरंतरता के पथ की गति के प्रतिमूर्ति बने। जिनका मन समाज को स्नेह, प्यार और संस्कार देने में लगा रहा है एवं सरल, विनम्र, कर्मठता, गतिशीलता, राष्ट्रभक्ति के संस्कारों से संपन्न हैं, ऐसे श्री महेश चंद्र शर्मा का शतशः अभिनंदन।

मेरी कामना है कि वे शतायु हों, दीर्घायु हों और आनेवाली पीढ़ियों को सुपथ पर चलने के लिए प्रेरित करते रहें—

स्वस्त्यस्तु ते कुशलमस्तु, चिरायुरस्तु
विद्या विवेक कृतिकौशल सिद्धिरस्तु।
ऐश्वर्यमस्तु बलमस्तु राष्ट्रभक्तिः सदाअस्तु
वंशः सदैव भवतां हि सुदीप्तो अस्तु।

पूर्व सचिव, हिंदी अकादमी
नोएडा

□

महापौर श्री महेश चंद्र शर्मा

—डॉ. मालती

सन् 1999 के दिल्ली के महापौर श्री महेश चंद्र शर्मा का प्रभावलय आज भी गौरव गंध से महकता है। प्रवृत्ति और व्यवसाय से सरस्वती के साधक, 'राधाकृष्णन राष्ट्रीय पुरस्कार' (5 सितंबर, 1994), हिंदी अकादमी (2 जनवरी, 1997, नेताजी सुभाष का राष्ट्रवाद, 'सर्वश्रेष्ठ वक्ता') नगर निगम की स्वर्ण जयंती पर दिल्ली के उपराज्यपाल एवं मुख्यमंत्री द्वारा सन् 2008 में विशिष्ट सेवा सम्मान तथा अनेकानेक सम्मानों से पुरस्कृत और अलंकृत, शिक्षा जगत् में प्रतिष्ठित और अपनी स्वच्छ नीति और छवि के लिए समाज और राजनीति में अपनी अलग पहचान बनाने वाले श्री महेश चंद्र शर्मा वर्तमान में दिल्ली पब्लिक लाइब्रेरी सहित अनेक शैक्षिक और सामाजिक संस्थाओं के मंच से समाज, हिंदी और गौ-सेवा में पूरी सक्रियता से जुटे हैं। आप हिंदी के समर्पित साधक हैं। 'हिंदी में सोचें, हिंदी में लिखें' के आदर्श वाले आप व्यक्ति से लेकर संस्थाओं को पत्राचार, आवेदन, निमंत्रण, नाम पट्ट आदि के लिए हिंदी के प्रयोग करने की सलाह देते रहते हैं। 'बस्ती विकास केंद्र' किशनगंज में आपके प्रयत्नों से आज आठ कमरों में चंद्रशेखर आजाद स्कूल चल रहा है, जिसमें आज 150 बच्चे हैं। यहाँ सप्ताह में एक बार दाँतों और आँखों के डॉक्टर जरूर आते हैं। इसमें महिलाओं के लिए नर्सरी टीचर्स, ब्यूटीशियन, सिलाई तथा कंप्यूटर प्रशिक्षण केंद्र चल रहे हैं। यहाँ से

प्रशिक्षित बहनें आज प्रतिदिन 1,000 रुपए की आमदनी कर लेती हैं। महेश चंद्र शर्मा को जब-तब अपने प्रशिक्षण केंद्र से प्रशिक्षित बच्चियाँ जब सफल उद्यमी के रूप में मिलती हैं, तब उन्हें युवा कर्म शक्ति पर गर्व होता है। जिस प्रशिक्षण के बीज को जो इन्होंने कमजोर वर्ग के आँगन में बोया था, आज वह इन छोटे-छोटे कारोबार को चलाने वाली महिलाओं के रूप में एक फलदार वृक्ष बन गया है। अब वे बच्चियाँ परजीवी न रहकर स्वजीवी बन गई हैं। महेश चंद्र शर्मा इन्हें देखकर ऐसे खुश होते हैं, जैसे कोई पिता अपने बच्चे की अद्‌भुत उपलब्धि को देखकर तृप्त होता है। इसी प्रकार 22 वर्षों से गौ-सेवा में समर्पित महेश चंद्र शर्मा 'फेडरेशन ऑफ गौ-सदन' के प्रधान हैं और अब भी नियम से गौशालाओं में प्रत्येक गौशाला में एक दिन और हिंदी साहित्य सम्मेलन के लिए सप्ताह में तीन दिन समर्पित करते हैं। बी.जे.पी. के लिए प्रतिदिन एक घंटा देने का नियम अब तक पालते हैं।

पुरस्कारों, सम्मानों और प्रशासन की ऊँचाइयों पर बने रहनेवाले महेश चंद्र शर्मा आज तो एक महकते परिसर में बसते हैं, जहाँ कोई कष्ट, चिंता या परेशानी नहीं दिखाई देती। जब कभी वे पीछे मुड़कर देखते हैं, तो दिखाई देता है— माँ की गोद के बाद लंबे समय तक उन्हें काँटों से भरे फूल, मिट्टी, कंकर, पत्थर से भरे रास्ते, इन रास्तों पर चलने के वे इतने अभ्यस्त हो गए कि लाल कालीन के नरमाई में भी उन्हें उन काँटों, कंकर-पत्थर और धूल का भी एहसास होने लगा। उनके पिता पंडित रामचंद्र शर्मा 'आनंद' पत्रकार और कवि थे। माता धार्मिक, संस्कारशील और सहनशील महिला थीं। उत्तर प्रदेश के बुलंदशहर के जहाँगीराबाद गाँव में अपनी प्रारंभिक शिक्षा पाने के बाद जब वे दसवीं कक्षा में पहुँचे तब परिवार कानपुर में बस गया था। पिता महर्षि अरविंद के भक्त थे और अरविंदाश्रम उन्हें खींच रहा था। तब आश्रम में प्रवेश के लिए उन्होंने वानप्रस्थ स्वीकार किया। बारहवीं की परीक्षा से पूर्व पिता के संन्यासी

होने की घोषणा से सारा परिवार हिल गया। सबने समझाया लेकिन मेरा बेटा या पराया बेटा, मुझे कोई फर्क नहीं पड़ता, कहकर वे निकल गए और आज भी जब महेश चंद्र शर्मा अपने पिता के बारे में कुछ भी कहते हैं तो पलकों में नमी और आवाज में कंपन छुपाए नहीं छुपता। उनके स्वर्गवास का समाचार मिलने के बाद जब वे आश्रम गए, "तब यह संन्यासी हमारा है, तुम्हारा कुछ भी नहीं" कहकर किनारे कर दिया और इसी क्रम में वे ये बताना भी नहीं भूलते कि पिता के जाने के बाद माता ने दोनों भूमिकाएँ निभानी शुरू कर दीं। माँ का रुआब इतना था कि हॉकी खेलते समय इनकी टाँग टूट गई तो इन्होंने माँ को यही बताया कि दूध लेकर आते समय पैर फिसल गया था। अगर माँ को सच्चाई पता लगती तो हॉकी का भूत वहीं उतर गया होता। जब कभी महेश चंद्र शर्मा घर पहुँचने में विलंब होता देखते तो माताजी को फोन कर इसकी जानकारी देते और जब वे कभी फोन करना भूल जाते तो माताजी नाराज होती थीं। इसी प्रकार आपातकाल के दौरान, जब उन्हें बीस महीने की जेल हुई और नौकरी से निकाल दिया गया, तब उनकी माता और उनकी पत्नी ने अद्‍भुत धैर्य रखा। सन् 1971 में आप किशनगंज, सराय रोहिल्ला से निगम पार्षद चुने गए और इसके बाद से लेकर आज तक आप समाज के लिए समर्पित बने रहे। आठ दशक के अनुभव से लबरेज महेश चंद्र शर्मा इस समय भी अनेक संस्थाओं में योगदान दे रहे हैं। हिंदी और गऊ के प्रति उनकी निष्ठा जितनी आज है, वह कोई नई नहीं है। इसी प्रकार गौ-रक्षा आंदोलन के दौरान वे सन् 1956 और फिर सन् 1966 में जेल भी गए। आपने हरेवली गौशाला में रेतीले मैदान को हरा-भरा उद्यान बना दिया है। इस गौशाला में जानेवाले जब आश्चर्य से भरकर इस चमत्कार का राज जानना चाहते हैं, तो महेश चंद्र शर्मा की व्यावहारिक दूरदृष्टि का प्रत्यक्ष प्रमाण दिखाई देता है। उन्होंने बताया कि इस रेतीले मैदान में उन्होंने गड्ढे खुदवाए, उनमें गायों का गोबर, गोमूत्र डाला और पेड़ लगाए। इस

हरियाली में गऊओं की भूमिका को सर्वोपरि मानते हैं। गऊओं के लिए रोटी और आवश्यक चारा जुटाने के लिए आपने दिल्ली और आस-पास के क्षेत्रों के लिए तीन सौ रिक्शा गाड़ियों का प्रबंध किया। दिल्ली में उनके प्रयत्नों से तीन सौ पचास रिक्शा घर-घर से गायों की रोटी आदि इकट्ठा करते हैं। इन गौशालाओं में दूध से बनाए जानेवाले उत्पाद भी तैयार किए जाते हैं। गौशालाओं में गोबर से धूपबत्ती और अगरबत्ती बनाई जाती है। गौमूत्र से फिनाइल बनाया जाता है। उनके इस कर्मयोग से लोग प्रभावित तो होते और आयु और उत्साह को देखकर चमत्कृत हो उठते हैं, क्योंकि वे बताते हैं कि वे घर में खाली नहीं बैठ सकते। इसलिए बच्चों ने उनके लिए गाड़ी और ड्राइवर की व्यवस्था की है और वे हर संगठन के लिए तन-मन-धन से तत्पर रहते हैं। उनकी बोलचाल और चलने-फिरने में कहीं भी उम्र का एहसास नहीं होता। उनकी ऊर्जा उनके जीवन के संस्कारों और उनके कर्मसंन्यत जीवन से ही उद्दीप्त है। आप हम सब की प्रेरणा, सम्मानीय आपको नमन।

पूर्व प्राचार्या (कालिंदी कॉलेज)
सी 3/161 जनकपुरी, नई दिल्ली-58
मो. : 9868141475, 987351544, 01141500374

□

श्री महेश चंद्र शर्मा, जितना मैंने जाना

—बी.एल. गौड़

जिन महेश चंद्र शर्मा की मैं बात कर रहा हूँ, वे वर्तमान में दिल्ली साहित्य सम्मेलन के अध्यक्ष हैं। इनसे पहली मुलाकात सन् 2011 में हुई, जब अचानक एक दिन उनका फोन आया कि वे मुझे पत्रकारिता और मेरे साहित्य के लिए सम्मानित करना चाहते हैं। यह मेरे लिए एक ऐसा समाचार था कि मैं स्वयं को अत्यधिक गौरवान्वित महसूस कर रहा था कि चलो, किसी ने तो किसी रूप में मुझे पहचाना। संबंध केवल इतना था कि जिस पाक्षिक समाचार-पत्र 'Gaursons Times' (विभाषीय हिंदी व अंग्रेजी) का मैं संपादक हूँ, वह पत्र शर्माजी के यहाँ लगातार जाता था।

इसके बाद शुरू हुई मेरी खोज श्री महेश चंद्र शर्मा को जानने की। दिवंगत शायर निदा फ़ाज़ली का एक मशहूर शे'र था, जो मुझे पूरी तरह तो याद नहीं; लेकिन उसका मतलब कुछ इस तरह था—हर आदमी में होते हैं दस-बीस आदमी, जिसको भी देखना हो, कई बार देखना। लेकिन ऐसे आदमी को कैसे जाना जाए, जो भीतर-बाहर एक जैसा हो। उनकी कथनी और करनी में कोई अंतर नहीं है। उन्हें कोई बहाना बनाना नहीं आता। कोई व्यक्ति यदि किसी काम के लिए उनके पास आता है तो या तो पूरी 'हाँ' होती है या बड़ी स्पष्ट 'न' होती है। इसके अतिरिक्त जब मैंने उनके विषय में कुछ और जानना चाहा तो अनेक प्रकार की बड़ी रोचक जानकारियाँ मिलीं। पता चला कि वे हिंदी के प्रबल पक्षधर हैं, दिल्ली

के महापौर रहे हैं, शिक्षक भी रहे हैं और राजनीति में भी अच्छी-खासी सकारात्मक भूमिका रही है। बाद में उनसे अकसर हिंदी के प्रचार-प्रसार के कार्यक्रमों में और साहित्यिक मंचों पर अनेक बार मुलाकात हुई है।

कुछ विशेष बातें—यों तो आए दिन अनेक लोगों से मिलना-जुलना रहता है। उन लोगों से हुए वार्त्तालाप, उनसे मिला सम्मान आदि अकसर मंच से अलग होने के बाद केवल कुछ ही घंटों में धुँधला पड़ने लगता है और दूसरे दिन की शुरुआत से ही मिटना भी शुरू हो जाता है, लेकिन महेश चंद्र उन व्यक्तियों में से नहीं हैं। कोई भी जो उनसे एक बार मिल लेता है, वह उनके चुंबकीय व्यक्तित्व से ऐसा जुड़ जाता है कि उसका स्वयं को शर्माजी से अलग कर पाना, यदि असंभव नहीं तो मुश्किल तो जरूर होता है। हर मिलने वाले को वे बहुत अपने लगते हैं। उनके व्यवहार में बहुत सरलता होती है और दुनिया में सबसे कठिन काम होता है, किसी व्यक्ति का सरल होना।

व्यस्ततम व्यक्ति, उमर पार के अधिकांश लोग एक खालीपन का शिकार हो जाते हैं, उनके पास समय तो होता है, लेकिन करने को कुछ नहीं होता। सेवानिवृत्त व्यक्तियों के लिए श्री महेश चंद्र शर्मा एक अनुकरणीय उदाहरण हैं। आज उनके पास सबकुछ है, लेकिन किसी मौज-मस्ती के लिए, व्यर्थ के मनोरंजन के लिए या किसी व्यर्थ की गप्पबाजी के लिए एक मिनट का भी समय नहीं है। उनका सारा दिन राष्ट्र की सेवा के लिए, हिंदी के प्रचार-प्रसार के लिए, समाज और साहित्य के लिए पूरी तरह समर्पित है। इससे यदि कुछ समय कभी बचा तो वह गौ-सेवा में खर्च हो जाता है। ऐसे हैं हमारे महेश चंद्र शर्माजी।

मैं तो ईश्वर से यही प्रार्थना करूँगा कि शर्माजी शतायु हों और सदैव स्वस्थ रहें। ऐसे कर्मठ व्यक्तित्व को शत्-शत् नमन करते हुए।

वरिष्ठ पत्रकार

बी-159, योजना विहार, दिल्ली-92

□

सारस्वत सेवा के शिखर पुरुष : महेश चंद्र शर्मा

—डॉ. पूरन चंद्र टंडन

बहुमुखी प्रतिभा, बहुआयामी व्यक्तित्व, बहुज्ञान संपन्न, बहुभाषाविद्, बहुजन सेवी तथा बहुसंस्कारों से संपन्न-समृद्ध व्यक्ति और व्यक्तित्व गुणों में, शताब्दियों में जन्म लेते हैं। उस माँ को, उस धरती को, उस राष्ट्र को ऐसे साधक, तपस्वी एवं जन सेवा को अर्पित पुत्र पर गर्व होता है जो अपने सत्कर्मों से, अपनी निष्ठा से, कर्तव्यपरायणता से, अथक-अचूक-अमोध साधना से इन सब का नाम विश्व में रोशन करता है। ऐसे ही अप्रतिम, अतुल्य, अनुपम, अद्भुत एवं अकल्पनीय व्यक्ति हैं श्री महेश चंद्र शर्मा, जो अपने विलक्षण कार्यों से, अपनी राष्ट्रभक्ति से, अपनी भाषा एवं साहित्य सेवा से, अपने मूल्यों, संस्कारों से, घर-समाज में, भाषा और जगत्, राजनीति में, प्रशासन, अध्यात्म और दर्शन, भक्ति और संस्कृति सेवा के क्षेत्र में अपनी विशिष्ट, नितांत मौलिक एवं स्तुत्य पहचान बनाते हैं।

सात्त्विक राजनीतिज्ञ एवं धर्मपरायण समाजसेवी श्री शर्मा एक सहज, सरल, सज्जन और साधना में रत व्यक्ति हैं। प्रसिद्ध कवि एवं साहित्यधर्मी परिवार में जनमे परम आदरणीय श्री महेशजी प्रखर वक्ता भी हैं और गंभीर चिंतक-विचारक भी हैं। भाषा पर उनकी अद्भुत पकड़ है। धाराप्रवाह

गति से मर्यादित, समयानुकूल एवं विषयानुकूल शब्द संपदा से जब वे मौखिक या लिखित भाषा प्रयोग करते हैं तो मंत्र-मुग्ध कर देते हैं। एकदम नैसर्गिक, पूर्णत: अकृत्रिम शब्द चयन, बोधगम्य वाक्य-विन्यास, विषयनिष्ठ अभिव्यक्ति उन्हें जन-जन के मनो-मस्तिष्क में उतार देती है। अपनी ज्ञान-संपदा से, अध्ययनशीलता से तथा शोध-समीचीन दृष्टि से वे विद्वत समाज पर एक अद्‍भुत छाप छोड़ते हैं। लगभग 82 वर्ष की अवस्था में भी वे सतत समर्पित सेवा में रत, अथक एवं मूक साधक से अर्पित दिखाई देते हैं।

एक निडर एवं स्पष्ट चिंतक-विचारक की तरह, एक मिशनरी पत्रकार की तरह, एक राष्ट्रभक्त शिक्षक की तरह और दोष-दूषण निवारणकर्ता अध्यापक की तरह श्री महेश चंद्र शर्मा समाज का परिष्कार करने में दिन-रात निमग्न रहते हैं। हिंदी आंदोलनों के सजग प्रहरी, सार्थक सत्याग्रही, आर्यसमाज के संस्कारों से ओत-प्रोत श्री महेश चंद्र शर्मा 'राष्ट्रहित' के प्रतीक बनकर खड़े रहते हैं।

'दिल्ली हिंदी साहित्य सम्मेलन' को पूरी निष्ठा, सक्रियता, अथक साधना से जीवंत करनेवाले महेशजी लोकतंत्र के खतरों से भी जूझते रहे। आपातकाल के दौरान बीस माह जेल में रहनेवाले शर्माजी की लेखनी निरंतर चलती-दौड़ती रही। देश के गौरवशाली अतीत का मुद्‍दा हो या महापुरुषों के प्रति स्मृतिजन्य लेखन, राजनीतिज्ञ के रूप में निडर जीवनचर्या हो या भगवत् भक्ति की प्रेरणा से मंदिरों की स्थापना और संरक्षण हो, धार्मिक संस्थाओं के लिए रचनात्मक सहयोग हो या गौशाला के द्वारा गौ-सेवा का संकल्प, सभी क्षेत्रों में आप ख्यातिलब्ध हैं। अनेक बार निगम पार्षद के रूप में, दिल्ली के मेयर के रूप में, पुस्तकालयों की सुचारु व्यवस्था के मार्गदर्शक के रूप में, दिल्ली सरकार के शैक्षिक लक्ष्यों की पूर्ति को मुकाम तक ले जानेवाले कृतसंकल्पी के रूप में आप विशेष रूप से जाने-पहचाने जाते हैं।

आपको शिक्षा जगत्, समाजसेवा, राष्ट्रभक्ति एवं पुस्तक प्रेम के कारण तथा राजनीतिविद् के रूप में समय-समय पर पुरस्कृत किया जाता रहा है। अनेक उच्च पदों पर आप आसीन रहे हैं, किंतु दंभ और अहंकार से कोसों दूर एक सरल, सहज एवं सेवक के रूप में आपकी पहचान बनती चली गई। नैतिक शिक्षा, राष्ट्रभाषा हिंदी का प्रचार-प्रसार, हिंदी कार्यान्वयन, शिक्षा और शिक्षक के धर्म तथा दायित्व, पर्यावरण की शुद्धता, स्वच्छता, अहिंसा, जीवरक्षा, जल संरक्षण जैसे अनेक विषयों एवं क्षेत्रों में आपका रचनात्मक योगदान एवं सक्रियता रही है।

सर्वश्रेष्ठ हिंदी वक्ता, सर्वश्रेष्ठ हिंदी अध्यापक, हिंदीसेवी रत्न, उत्कृष्ट हिंदी लेखन आदि क्षेत्रों में आप राष्ट्रीय-अंतरराष्ट्रीय पुरस्कारों-सम्मानों से लगातार विभूषित होते रहे हैं। आपके कुशल नेतृत्व में साहित्य, कला और संस्कृति का निरंतर विकास एवं उन्नयन हुआ है। आप एक दूरदृष्टा के रूप में, एक शिक्षा समिति के संयोजक एवं अध्यक्ष के रूप में, निष्काम कर्मभावना से ओत-प्रोत साधक के रूप में तथा भारतीय गौरव, भारतीय संस्कृति एवं भारतीय मूल्यों के प्रचार-प्रसारकर्ता के रूप में आप सदा समर्पित सेवक के रूप में जाने जाते हैं। आपने अनेक हिंदी, संस्कृत संस्थाओं को नेतृत्व प्रदान किया। हिंदी शिक्षा की अनिवार्यता के आंदोलन विद्यालयी एवं विश्वविद्यालयी संस्थाओं में निरंतर चलाए। द्विभाषिक राजभाषा हिंदी का कार्यान्वयन, त्रिभाषा सूत्र का कार्यान्वयन तथा राष्ट्रभाषा हिंदी की प्रतिष्ठा जैसे मुद्दे आपकी सक्रियता के आधार बने रहे। आपने 'भारत विकास परिषद्' के भी अनेक पदों को सुशोभित किया।

निर्धन, असहाय बच्चों, स्त्रियों, कन्याओं आदि के लिए सिलाई प्रशिक्षण केंद्र, पुस्तकालय सुविधा, विकलांग सहायता केंद्र भी स्थापित किए और करवाए। स्वास्थ्य सुधार समितियों, कृषि एवं कृषक कल्याण समितियों से, चिकित्सा शिविरों से, मेधावी छात्रों को पुरस्कृत कर,

उपहार प्रदान कर उन्हें अवसर उपलब्ध कराने का पुण्य कार्य भी आप लगातार करते रहे।

इस तरह अनेक समाजसेवी संस्थाओं की कार्यकारिणी से आप संबद्ध हैं। कहीं ट्रस्टी, अध्यक्ष, सचिव और सदस्य भी हैं। आपने न्याय क्षेत्र में हिंदी अनुप्रयोग पर, चिकित्सा के क्षेत्र में हिंदी अनुप्रयोग पर तथा तकनीकी और वैज्ञानिक क्षेत्रों में हिंदी अनुप्रयोग पर विशेष बल दिया है। आपके संघर्ष से तथा संकल्प शक्ति के परिणामस्वरूप हिंदी का प्रचार-प्रसार एवं अनुप्रयोग प्रचुर मात्रा में बढ़ा है। हिंदी पखवाड़ों का आयोजन, हिंदी दिवस के आयोजन, हिंदी के कवि सम्मेलन, संगोष्ठियाँ, प्रतियोगिताएँ जैसी कितनी ही गतिविधियाँ हैं, जिनमें परम आदरणीय श्री महेश शर्माजी निरंतर सक्रिय, समर्पित, कार्यरत रहते हैं। माँ भारती के ऐसे सपूत, राष्ट्रभक्त, भाषाभक्त, समाजसेवी तथा मूक साधक की समस्त साधना को हमारा प्रणाम, हमारा सलाम है। ईश्वर आपको शतायु करें, दीर्घायु बनाएँ और सारस्वत कृपा आप पर बरसती रहे, अनुकंपा बरसती रहे, यही हमारी प्रार्थना है। हम आपको, आपकी सेवा भावना को शत-शत नमन करते हैं।

प्रोफेसर, हिंदी विभाग,
दिल्ली विश्वविद्यालय, दिल्ली

□

भारतीय संस्कृति के प्रतीक

अनुभव में जीवन सार लिये
वाणी में चिर संस्कार लिये
ले भाव भरा अंतर विशाल
हो राष्ट्रवाद की प्रखर जवाल

भारत माँ के चरणों में नत
हिंदी-संस्कृति सेवा में रत
हो चरैवेति के अथक पथी
कलि कुरुक्षेत्र के विजय रथी

जीवन शैली अति सहज-सरल
मन संकल्पों का भाव अटल
ऋषि परंपरा के आराधक
युग-युग की थाती के साधक

नित-नित जनहित करते आए
उस कार्ययोग का वंदन है

श्रद्धेय तपस्वी महेश चंद्रजी
हृदय से तव अभिनंदन है
चरणों में शत-शत वंदन है।

—गजेंद्र सोलंकी
राष्ट्रीय कवि

पत्र-पत्रिकाओं, पत्रकारों की नजर में

(यहाँ पर वे सभी पत्र संगृहीत किए गए हैं, जो शर्माजी के लिए विभिन्न पत्र-पत्रिकाओं ने स्वतः छापे हैं या फिर शर्माजी ने जन-आंदोलन हेतु प्रकाशित कराने के लिए समय-समय पर भेजे।)

हिंदी भाषा के प्रबल पक्षधर : श्री महेश चंद्र शर्मा

—श्री ओम शर्मा

महेश चंद्र शर्मा वह व्यक्ति है, जो हिंदी के लिए ही जागता है और उसी के प्रचार-प्रसार की बात को मन में लेकर सोता है। उनका तपोधन ही हिंदी की सेवा करना है। जो व्यक्ति उन्हें जानते हैं, उनके विचार में तो शर्माजी का जन्म ही देश की सेवा हेतु सविशेष हिंदी के सेवक के रूप में हुआ है।

जब से शर्माजी हिंदी साहित्य सम्मेलन से जुड़े, तब से ये इस संस्था का सबल संबल पाकर अनवरत हिंदी की सेवा में लगे रहते हैं। वैसे तो वे विगत 52 वर्षों से हिंदी भाषा और साहित्य के विकास और संवर्धन में सक्रिय भूमिका निभा रहे हैं, परंतु विगत 18 वर्षों से सम्मेलन के अध्यक्ष पद को पाकर संस्था की गरिमा के अनुकूल राजभाषा हिंदी की सेवा कर रहे हैं।

यदि हम उनके अतीत के झरोखे में झाँककर देखेंगे तो हमें उनके जीवन का हर क्षण राष्ट्र सेवा में समर्पित मिलेगा। सबसे पहले सन् 1956 में आर्यसमाज द्वारा चलाए गए हिंदी आंदोलन में सत्याग्रह किया। इसी सत्याग्रह के परिणाम स्वरूप उन्हें जेल यातना भी झेलनी पड़ी। निरंतर वे विभिन्न सत्याग्रहों के द्वारा, हिंदी भाषा की समुन्नति हेतु विभिन्न आंदोलनों

के द्वारा विभिन्न क्षेत्रीय तथा राष्ट्रीय क्रिया–कलापों द्वारा हिंदी के संवर्धन में अपनी बात उठाने में अहम भूमिका निभाते रहे हैं। उनके द्वारा हिंदी सेवा में जितना अधिक से अधिक बनता है, वे अविलंब उसे करते हैं।

सन् 1979–1980 में माध्यमिक शिक्षा बोर्ड द्वारा कक्षा नौ व दस में हिंदी भाषा–शिक्षण को वैकल्पिक विषय के रूप में कर दिया गया तो हिंदी प्रेमी जगत् को बड़ी चिंता हुई। यदि छात्रावस्था में किशोर ही हिंदी भाषा को नहीं पढ़ेगा तो हिंदी का प्रचार–प्रसार बाधित हो जाएगा। इस समस्या के निराकरण के निमित्त शर्माजी ने 'राष्ट्रभाषा प्रचार समिति' का आश्रय लिया। प्रचार समिति की कार्यकारिणी ने आपको हिंदीसेवी के रूप में अनन्य माना और समिति का अध्यक्ष नियुक्त कर दिया। अपने जन्म के कर्म के परिणाम के रूप में आपने सबकुछ वैसा ही प्रयास किया जैसी आपसे अपेक्षा की जा रही थी। माध्यमिक शिक्षा बोर्ड ने अपने पूर्व आदेश को वापस लिया और हिंदी को समुचित स्थान दिया।

'दिल्ली हिंदी साहित्य सम्मेलन' के उस समय महामंत्री के दायित्व का निर्वाह करते हुए 'दिल्ली प्रदेश हिंदी–संस्कृत संघ' के सहयोग से अनवरत आंदोलन चलाया था और उपर्युक्त हिंदी भाषा शिक्षण को विद्यालयीय पाठ्यक्रम में अनिवार्य कराने हेतु 'त्रिभाषा सूत्र' लागू करवाया। यद्यपि यह उपलब्धि बिना अनेक समान विचारधारा वाले साथियों के और बिना सही दिशा मिले हुए पूरी नहीं हो सकती थी, इसलिए इस 'त्रिभाषा सूत्र' लागू होने रूपी पुण्य यज्ञ की आहुति में तत्कालीन अनेक संस्थाओं, शुभ चिंतकों और मित्रों का सहयोग मिला था। शर्माजी सदा से ही किसी कार्य को करने का बीड़ा निस्संकोच अविलंब उठा लेते हैं। शनैः–शनैः उस कार्य की सफलता हेतु, जो माला वे बनाते हैं, उसमें वे सभी मित्रों को सहर्ष मोती के रूप में जोड़ते जाते हैं। ये कार्य वे पूर्व नियोजित तरीके से करते हैं और ये उनका जन्मना स्वभाव बना हुआ है। अपने 'उद्देश्य' की पूर्ति के लिए वे किसी 'चाचा–भतीजावाद' की संरचना में न पड़कर

सभी को ससम्मान ज्येष्ठ और श्रेष्ठ मानते हुए विनयावनत हाथ जोड़ते हुए वे सहृदयता का परिचय देते हैं।

सन् 2010 में भारत की राजधानी दिल्ली में राष्ट्रमंडल खेल होने का निर्णय हुआ। जब शर्माजी को पता लगा कि शीघ्र ही राष्ट्रमंडल खेल होनेवाले हैं तो बस, फिर क्या था? 'रामकाज कीन्हें बिनु मोहि कहाँ विश्राम' वाली उनकी मानसिक चेतना के अनुरूप अपने जीवन के लक्ष्य की पूर्ति में लग गए अपने जीवन से मातृभाषा का भार उतारने। अंततः उक्त खेलों में हिंदी भाषा का प्रयोग कराने हेतु दिनांक 4 जनवरी, 2010 को हिंदी में प्रथम स्थान पर कार्य करने के आदेश दिल्ली सरकार से कराए।

शिक्षण संस्थानों, स्कूलों, कॉलेजों और विश्वविद्यालयों में हिंदी की दुर्दशा से आहत शर्माजी का मन चुप कैसे बैठ सकता था? इसलिए उन्होंने अपने सफल प्रयासों द्वारा दिनांक 7-6-2011 को राजभाषा अधिनियम के अनुसार द्विभाषीय कार्य करने के आदेश दिल्ली विश्वविद्यालय को कराए।

सन् 2011 के बाद में और वर्तमान समय तक (इस ग्रंथ के लिखे जाने तक) शर्माजी ने हिंदी के विकास में अधिक गति लाने हेतु अनेक सरकारी व गैर-सरकारी संस्थाओं से हिंदी के प्रयोग में होनेवाली कमियों को दूर करने के लिए अनेक बार पत्र-व्यवहार किया है जिसमें दिल्ली विश्वविद्यालय, सी.बी.एस.ई. तथा अनेक सामाजिक संगठन हैं, जिनमें हिंदी को बढ़ावा देने के लिए निरंतर पत्र भेजा गया है।

वर्तमान में दिल्ली प्रदेश की उच्चतर माध्यमिक कक्षाओं में हिंदी और अन्य भारतीय भाषाओं का शिक्षण स्तर पर तथा प्रशासनिक सेवा-परीक्षा स्तर पर हिंदी के प्रयोग के लिए अहर्निश प्रयासरत हैं। हमारा ऐसा मानना है कि आज नहीं तो कल, उनका यह प्रयास अवश्य सफल होगा। इस विषय में शर्माजी को अपने प्रयास तथा परमात्मा, दोनों पर ही अटल विश्वास है।

संपादक, 'इंडिया गेप्स टुडे', दिल्ली

□

हिंदी को रोजी-रोटी से जोड़ने की आवश्यकता

—अरशद फरीदी

हिंदी को उचित सम्मान दिलाने के लिए राजभाषा को रोजी-रोटी से जोड़ने की आवश्यकता है। हिंदी को कागजों और संविधान में राजभाषा तो घोषित कर दिया गया, लेकिन सरकारी तंत्र, नौकरियों व प्रतियोगी परीक्षाओं में अनिवार्य नहीं करने से अंग्रेजी का वर्चस्व बना रहा। नतीजतन, हिंदी प्रेमियों में स्वतंत्रता से पूर्व हिंदी के प्रति जो स्नेह और स्वाभिमान था, वह हीन-भावना में परिवर्तित होता चला गया। इसी हीन-भावना के कारण जिस हिंदी को महात्मा गांधी के प्रयास से संपर्क भाषा का स्थान मिला हुआ था, वह भी अवरुद्ध हो गया है। इसके साथ ही दूसरी समृद्ध भारतीय भाषाओं में आपसी संपर्क और समन्वय के स्थान पर वैमनस्य और स्पर्धा आ गई। जब तक भारतीय प्रशासनिक सेवा और प्रादेशिक सेवा के अधिकारियों को हिंदी व अन्य भारतीय भाषाओं में कार्य करने के लिए बाध्य नहीं किया जाएगा, तब तक राजनीतिक व्यक्ति भी अपनी-अपनी राजभाषा में कार्य नहीं करेंगे। आज केंद्र सरकार द्वारा राजभाषा नियमानुसार हिंदी और सभी भारतीय भाषाओं को सम्मान देने की सर्वाधिक जरूरत है। प्रशासनिक और प्रतियोगी परीक्षाओं में हिंदी को अनिवार्य तथा भारतीय भाषाओं को अंग्रेजी का विकल्प बनाने से

हिंदी को उसका उचित सम्मान मिल सकता है। इसी प्रकार प्राथमिक कक्षाओं में अंग्रेजी की जगह मातृभाषा माध्यम से शिक्षा देने का निर्णय केंद्र सरकार को लेना चाहिए।

वर्धा (महाराष्ट्र) में महात्मा गांधी विश्वविद्यालय की स्थापना के समय जो बात निश्चित की गई थी, उस पर पूरी तरह से अमल होना चाहिए। सभी भारतीय भाषाओं की समृद्धि और विकास के लिए कार्य होना चाहिए। हिंदी को विश्व की प्रमुख भाषा बनाने और उचित सम्मान दिलाने के लिए हम सभी को घोषणाओं के बजाय रचनात्मक कार्य और कठोर निर्णय लेने होंगे। सभी हिंदी प्रेमियों को इसके प्रचार-प्रसार में लगना होगा।

संवाददाता, दैनिक जागरण

□

महेश चंद्र शर्मा 'अक्षरम हिंदी सेवा सम्मान' से सम्मानित

—अनिल जोशी

हिंदी के प्रति अदम्य निष्ठा व समाजसेवा की उत्कृष्ट सक्रियता के प्रतीक श्री महेश चंद्र शर्मा का जन्म सन् 1935 में एक मध्यवर्गीय परिवार में हुआ। जीवन के प्रारंभिक दौर में ही आपने अपना जीवन हिंदी के प्रति समर्पित करने का निश्चय कर लिया था। 1956 में आर्यसमाज द्वारा चलाए गए 'हिंदी आंदोलन' में सक्रिय भागीदारी करते हुए आपने जेल यात्रा की। सन् 1957 से 1959 तक आपने 'राष्ट्रहित' नामक साप्ताहिक समाचार-पत्र के अवैतनिक संपादक के रूप में कार्य करते हुए हिंदी आंदोलन को पुष्ट किया। लगभग उसी समय से आप हिंदी साहित्य सम्मेलन में सक्रिय हो गए और सन् 1984 में इसके प्रबंध मंत्री बनाए गए। सन् 1996 में आप सम्मेलन के महामंत्री बने। श्री शर्मा सन् 1962 से ही सरकारी आंदोलन से जुड़े रहे हैं। श्री शर्मा ने अपनी निस्स्वार्थ हिंदी सेवा के लिए कई सम्मान प्राप्त किए हैं। राष्ट्रभाषा हिंदी, नैतिक शिक्षा, शिक्षक का दायित्व, पर्यावरण आदि विषयों पर आपके अनेक लेख विभिन्न पत्र-पत्रिकाओं में प्रकाशित होते रहे हैं। दिल्ली सरकार ने सन् 1963 और 1974 में 'सर्वश्रेष्ठ हिंदी वक्ता' के रूप में सम्मानित किया। हिंदी अकादमी, दिल्ली ने आपको सन् 1989 में 'सर्वश्रेष्ठ हिंदी

अध्यापक' के रूप में सम्मानित किया। दिल्ली जागरूक नागरिक परिषद् ने आपको 'हिंदीसेवी रत्न' की उपाधि से विभूषित किया। शिक्षा और हिंदी में विशिष्ट सेवाओं के लिए 1994 में आपको 'डॉ. राधाकृष्णन् शिक्षक पुरस्कार' प्रदान किया गया। इसी कड़ी में अब आपको विश्व हिंदी दिवस पर 'अक्षरम हिंदी सेवा सम्मान' से सम्मानित किया गया है।

□

भारतीय भाषा और संस्कृति नष्ट करने में लगे हैं कुछ पब्लिक और निजी स्कूल

—पंजाब केसरी

दिल्ली के पब्लिक स्कूलों और कुछ अनुदान प्राप्त स्कूलों में मैकाले के दत्तक पुत्र, जो खेल पिछले 5-6 वर्षों से खेल रहे हैं, यदि यह खेल 2-3 वर्ष और चलता रहा तो माध्यमिक शिक्षा से केवल हिंदी, संस्कृत और भारतीय भाषाएँ ही नहीं समाप्त होंगी, बल्कि बालकों को अपनी संस्कृति का ज्ञान भी नहीं होगा।

इन स्कूलों में अंग्रेजी अनिवार्य तो पहले से ही है, अब चुपचाप दूसरी भाषाओं के रूप में फ्रेंच, जर्मन, स्पेनिश, जापानी भाषाओं को पढ़ाने की कोशिश कर रहे हैं। अत: अब आठवीं के बाद भारतीय भाषाओं का अध्यापन समाप्त हो गया है जबकि दिल्ली विद्यालय अधिनियम, 1973 के अनुसार त्रिभाषा सूत्र के अनुसार तीन भाषाएँ पढ़ाना अनिवार्य है। साथ-ही-साथ उनकी विवरणिका (प्रॉस्पेक्टस) और प्रवेश पत्र भी राजभाषा का उल्लंघन करते हुए केवल अंग्रेजी में छप रहे हैं। इससे अभिभावकों को कठिनाई होती है।

हम अंग्रेजी के व्यामोह के मकड़जाल में ऐसे फँसते जा रहे हैं कि हम राष्ट्रभाषा हिंदी, अन्य भारतीय भाषाओं और उनसे संबद्ध उपभाषाओं, बोलियों आदि के महत्त्व को बिल्कुल भुलाकर पूरे मन से अंग्रेजी के भक्त

ही बन गए हैं। वस्तुतः राष्ट्रभाषा हिंदी उन सांस्कृतिक मूल्यों की प्रवाहिका है, जो व्यक्ति, परिवार, समाज और राष्ट्र को सुदृढ़ बनाती है। साथ ही, हिंदी उस ज्ञान और विज्ञान से परिचित कराती है, जिसने हजारों वर्षों से भारत को सांस्कृतिक और जीवन मूल्यों के एक सूत्र में पिरोए रखा।

भाषा का उद्देश्य शिक्षा प्राप्त कर मात्र भौतिक प्रगति और उन्नयन करना नहीं है, बल्कि सामाजिक उत्थान करना भी है। भारतीय समाज का जितना विकास संस्कृत भाषा ने किया है, संभवतः उतना विश्व की किसी भी भाषा ने नहीं किया।

संस्कृत भाषा के उत्कृष्ट साहित्य रामायण, महाभारत, नीतिशास्त्रों को आधार बनाकर हिंदी में अनेक ग्रंथ लिखे गए हैं, जिन्होंने हिंदी भाषा और साहित्य को ही समृद्ध नहीं किया, बल्कि लोक रंजन के साथ-साथ लोक मंगल भी किया। भारतीय समाज को मूल्य चेतना प्रदान की और मार्गदर्शन किया। भारतीय इतिहास के ऐसे पड़ाव हैं, जिससे यह परिलक्षित और प्रमाणित होता है कि हिंदी ने संपूर्ण भारत का कितना उपकार किया है।

हमारी जिन भाषाओं और संस्कृति को अंग्रेज सरकार 150 वर्षों में समाप्त नहीं कर पाई, मान्यता प्राप्त पब्लिक और निजी स्कूल दिल्ली राज्य से भारतीय भाषाओं और भारतीय संस्कृति को समाप्त कर रहे हैं। दिल्ली का शिक्षा मंत्रालय, शिक्षा सचिव, शिक्षा निदेशक इन पब्लिक और निजी स्कूलों की मनमानी को रोकने का कोई प्रयास नहीं कर रहे हैं, जबकि उन्हें अनेक बार लिखा गया है।

महेश चंद्र शर्मा

□

मैली यमुना के लिए दोषी कौन?

—पंजाब केसरी

प्राचीन काल में नदी को सौंदर्य, प्रेम और जीवन से जोड़कर देखा जाता था, इसीलिए नदियों को 'जीवन रेखा' कहते थे। मानव सभ्यता के विकास में नदियों की महत्त्वपूर्ण भूमिका रही है। इसलिए नदियों के आस-पास ही जीवन विकसित हुआ है। दिल्ली वालों को जीवन देने वाली यमुना से लोगों ने ही अब जीवन छीन लिया है। प्रदूषित होने के कारण अब कोई यमुना को पवित्र नदी नहीं मानता। यमुना अब एक गंदा नाला बन गई है।

इसका पानी पीने योग्य तो 10-12 वर्षों से नहीं था। अब इस नदी में लगातार नहाने पर व्यक्ति त्वचा रोग से भी पीड़ित हो सकता है। अब तक 2,500 करोड़ रुपए से अधिक यमुना की सफाई और इसे प्रदूषण मुक्त बनाने के नाम पर स्वाहा हो चुके हैं। यमुना को गंदा नाला बनाने में हम लोगों की ही भूमिका रही है। इसके किनारे पर घाटों, पार्कों, दर्शनीय स्थलों की जगह यमुना सफाई और विकास के नाम पर झुग्गियाँ पड़ती रही हैं और उनकी गंदगी भी यमुना में मिलती रही। झुग्गियाँ तो हटी हैं, पर नालों और कचरा उद्योगों का रासायनिक कचरा, बची-खुची गंदगी आज भी इसमें मिल रही है और इसे प्रदूषित कर रहे हैं।

दिल्ली में रोजाना 1,100 मिलियन गैलन सीवेज जेनरेट होता है, लेकिन दिल्ली जल बोर्ड के पास प्रतिदिन सिर्फ 500 मिलियन गैलन (एम.

जी.डी.) के ट्रीटमेंट की क्षमता है। सीवेज का एक बड़ा हिस्सा बिना ट्रीटमेंट के सीधे यमुना में जा रहा है। स्ट्रॉम वॉटर ड्रेन जो केवल बरसाती पानी के लिए है, उनमें अनधिकृत सीवर मिले हुए हैं, वे भी यमुना को मिलकर गंदा करते हैं। 10 वर्ष पूर्व यमुना एक्शन प्लान के अंतर्गत 1,000 करोड़ की राशि खर्च की गई। अनेक सार्वजनिक शुष्क शौचालय को सीवर सम्मिलित कर बनाया गया, पर प्रदूषण समाप्त नहीं हुआ।

महेश चंद्र शर्मा

□

वर्ष प्रतिपदा
यह हिंदुओं का पावन दिवस है

—दैनिक जागरण

यह हिंदुओं का पावन दिवस है। युगाब्द व विक्रम संवत् का प्रारंभ दिवस है। ऐसे में प्रत्येक भारतीय नागरिक को इसे सादगी व हर्षोल्लास के साथ मनाना चाहिए। मैं प्रतिवर्ष परिवार के साथ इस गौरवमयी दिन को मनाता हूँ। इस दिन लोगों को न सिर्फ बधाई संदेश देता हूँ, बल्कि गौ, गंगा और राष्ट्रभाषा हिंदी के उत्थान पर आपस में चर्चा भी करते हैं। मेरी कोशिश है कि हर बार की तरह इस बार भी अपने आस-पास रहनेवाले लोगों से मिलकर उन्हें बधाई दूँ और गाय की रक्षा का संकल्प दिलाऊँ। नव वर्ष के दिन संस्कारित समाज की संकल्पना और महिला सुरक्षा को पुख्ता करने का भी संकल्प लेना होगा।

महेश चंद्र शर्मा

□□□

* 9 7 8 9 3 5 3 2 2 3 7 1 7 *
FCW - #0127 - 061026 - C0 - 216/140/9 - PB - 9789353223717 - Matt Lamination